《달빛서당 사자소학》을 먼저 읽은 엄마들의 추천

아이들은 정보의 홍수 속에서 오히려 정보 결핍의 삶을 살아가고 있습니다. 이럴 때일수록 '생각의 씨앗'을 심어줘야 합니다. 《달빛서당 사자소학》의 씨앗 문장으로 아이들이 올바른 길을 만들어 갈 수 있도록 '생각의 씨앗'을 소중히 심어주면, 그 씨앗은 아이와 함께한 소중한 추억이라는 적당한 물과 흙을 만나 언젠가 아이만의 멋진 나무로 자라날 것입니다.

-임효주

육아 인생 10년 만에 아이와 함께하는 인문학 공부가 이토록 흥미진진하고 쉬울 수 있다니! 아이와 함께한 《달빛서당 사자소학》은 즐거운 배움의 시간이었습니다. 《달빛서당 사자소학》은 한자와 고전을 매개체로 일상생활에서 호기심을 가지고 세상을 바라보는 방법과 생각을 나누는 방법을 알려주는 친절한 가이드가 되어 줄 것입니다.

- 조지희, 전 S전자 교육담당자, 현 좌충우돌 아들 둘 엄마

아이와 함께 한자 공부를 하는 것은 생각보다 어려운 일입니다. 《달빛서당 사자소학》은 부모와 아이가 쉽고 재미있게 한자 공부를 할 수 있는 아주 친절하고 다정한 가이드북입니다. 세상을 살아가는 데 필요한 기본적인 태도를 기반으로 한 《달빛서당 사자소학》을 읽고 공부하는 시간은 부모가 아이에게 줄 수 있는 가장 귀한 선물이 될 것이라고 확신합니다.

-이선아, 공무원

엄마의 마음을 품은 저자의 글은 읽는 내내 아이의 마음을 헤아리는 속 깊은 생각까지 느껴져 친절하고 따뜻하기까지 합니다. 마음을 열게 하는 친절하면서 따뜻한 안내를 받다 보면 《달빛서당 사자소학》은 구체적이고 다정한 안내서임을 인정할 수밖에 없습니다. 아이와 함께 《달빛서당 사자소학》으로 첫 인문학 공부를 하기를 강력하게 추천합니다.

-세실리아, '세심정'지기

'달빛서당'의 이야기가 책으로 엮여 나오게 되어 정말 기쁩니다. 아이와 함께 《달빛서당 사자소학》의 씨앗 문장을 읽고 곰곰이 궁리하며 이야기를 나눈 소중한 시간들이 떠오릅니다. 《달빛서당 사자소학》에는 한자 공부로 시작해서 문해력과 인문학 공부까지 확장하는 저자의 생각이 풍성하게 담겨있습니다. 새로운 '공부 생태계'를 만드는 《달빛서당 사자소학》을 통해 우리 모두가 한 뼘 더 자라나기를 소망합니다.

-강지혜, 대안학교 '꽃피는 학교' 교사

《달빛서당 사자소학》의 목차만 봐도 씨앗 문장을 고심해서 고른 저자의 정성과 안목이 느껴집니다. 우리 삶에 닿아 있는 씨앗 문장과 생각할 거리를 던지는 질문들은 자기 생각을 스스로 싹 틔울 수 있게 도와줍니다. 아이들의 반짝이는 생각을 수집하고 대화를 함께한 시간이 차곡차곡 소중하게 쌓여갑니다. 삶과 연결되는 인문학 공부를 《달빛서당 사자소학》을 통해 일찍 시작할 수 있게 되어 참으로 기쁩니다.

-조승희, 두 명의 달님과 함께 진정한 배움을 찾아가는 중

《달빛서당 사자소학》을 통해 아이와 한자 이야기를 나누는 재미에 푹 빠져 있습니다. 씨앗 문장에 맞장구를 치고 의문을 가지면서 이야기하는 시간을 아이가 더 즐거워합니다. 《달빛서당 사자소학》은 단순히 《사자소학》의 문장을 익히는 것이 아니라 일상에서 자연스럽게 한자 공부에 흥미를 갖고 활용할 수 있게 도와줍니다. 아이와 함께 한자 공부를 하고 싶은 엄마들에게 이 책을 추천합니다.

- 김미림, 초2 여아를 둔 엄마

'모든 아이는 천재다'라는 말을 믿게 된 것은 이제 말을 시작한 아이가 한자를 익히는 모습을 보면서였습니다. 잠시 잊고 있던 한자의 매력을 《달빛서당 사자소학》을 통해 다시 만나게 되었습니다. 씨앗 문장은 아이와 대화의 화두가 되었고, 호기심과 관심이라는 싹을 틔웠습니다. 이 과정은 비단 아이만의 배움이 아니라 함께하는 엄마에게도 재미와 통찰이 있는 사유의 열매를 선물받는 시간이 되었습니다.

-민관순, 참조은치과병원 원장, '엄마의 通通서재' 운영

《달빛서당 사자소학》을 만나 아이와 나누는 대화 속에서 한자어를 탐구하게 되었고, 우리만의 상황극과 한자 게임도 즐기게 되었습니다. 이 책에는 《사자소학》을 매개로 한자를 발견한 엄마와 아이들의 기쁨과 즐거움이 가득합니다. '가까이 있는 사람은 기뻐하고, 멀리 있는 사람은 찾아온다'라는 말처럼 당신을 《달빛서당 사자소학》의 세계로 초대합니다.

- 다이 엄마 아몬드, 서울대 AMPPC 중국어 강사

문해력 향상에 도움이 된다고 한자 공부를 시키려던 초보 학부모는 '왜 공부를 해야 하는지'를 묻는 아이의 말에 답을 내놓지 못했습니다. 하지만 《달빛서당 사자소학》을 만나 아이와의 대화는 풍성해졌고 함께 한자 사전을 찾아보는 재미를 찾았습니다. 공부를 통해 세상을 배워가는 재미가 있고, 재미있기에 공부를 한다는 사실을 공감하는 과정이었습니다. 《달빛서당 사자소학》을 통해 진짜 공부를 경험하기 바랍니다.

-김경미, 팟캐스트 <공존공생>의 생강PD

달빛서당

사자소학

달빛서당 사자소학

초판 발행 2024년 2월 8일

지은이 박연주 **펴낸이** 이성용 **책디자인** 책돼지
펴낸곳 빈티지하우스 **주소** 서울시 마포구 성산로 154 4층 407호(성산동, 충영빌딩)
전화 02-355-2696 **팩스** 02-6442-2696 **이메일** vintagehouse_book@naver.com
등록 제 2017-000161호 (2017년 6월 15일) **ISBN** 979-11-89249-82-3 03370

달빛서당

사자소학

엄마와 아이가 함께하는
첫 인문학 공부

★★★ ★★★
어휘력, 문해력과 함께
★★★ ★★★
생각의 크기가 달라진다!!

박연주 지음

빈티지하우스
VINTAGE HOUSE

들어가는 글

"우리 아이가 한자를 알았으면 좋겠어요."

인문 고전을 읽는 독서 모임 달빛서당을 운영하면서 한자 교육과 관련된 부모님의 질문을 자주 받습니다. 자신의 아이가 한자를 알았으면 하는 부모님의 마음을 많이 느낄 수 있었습니다. 저 또한 저의 아이가 한자라는 생각 및 표현 도구를 익히고 내면의 힘을 키우길 바랍니다.

한자는 동양 문화권에서 3,000년 넘게 사용되고 있는 문자입니다. 이렇게 긴 생명력을 유지하는 문자는 한자가 유일하지요. 서양 문화권에서 라틴어를 공부하듯이 한자를 공부하는 이유는 우리의 역사와 문화를 제대로 이해하기 위해 필요한 일이기 때문입니다. 실제로 한국어 어휘의 절반 이상이 한자로 만들어진 한자어라고 합니다. 책을 읽고 제대로 이해하거나 정확한 의사소통을 위해서도 한자를 아는 것이 필요합니다. 한국어뿐만 아니라 중국어를 비롯하여 한자 문화권에 속하는 일본어, 베트남어 등도 한자를 기반으로 하고 있기 때문에 한자를 알면 다른 언어를 공부할 때 도움이 됩니다.

요즘 뉴스를 보면 문해력과 관련된 이야기가 자주 나옵니다. 문해력(文解力) 역시 한자로 이뤄진 한자어입니다. 글 문(文)과 힘 력(力) 사이에 풀 해(解)로 이루어진 '문해력'은 한자 그대로 '글을 읽고 이해하는 능력'이라는 뜻입니다. 이렇듯 어렵게 보이는 단어와 글을 풀어낼 때 한자라는 도구를 유용하게 사용할 수 있습니다.

그렇다면 왜 문해력을 많이 이야기할까요? 글을 왜 풀어내야 할까요? 글을 해체하고 다시 자기 생각으로 재구성하는 것이 지금 우리에게 필요한 문해력이자 사고력, 창의력이기 때문입니다.

김훈 작가는 한자가 갖는 엄청난 사유와 개념의 힘을 대학에서 가르치지 않다 보니 인문학이 황폐해졌다고 말한 바 있습니다.

저는 대학에서 국사학을 전공하면서 한자로 된 사료를 읽기 위해 한자 공부를 시작했습니다. 이후 한자에 매료되어 한자를 문자로 사용하는 중국어 공부에 몰입했고 대학원에 진학해 한중 통·번역을 전공했습니다. 졸업 후에는 대만계 글로벌 회사에서 10년간 커뮤니케이션 업무를 담당했습니다.

이렇듯 저에게 한자는 일상에서 인문학을 만나게 하는 매개체이자, 더 넓은 세상으로 안내하는 친구가 되었습니다.

엄마가 된 이후에는 우리 아이와 함께 한자 이야기를 나누고 싶다는 생각을 줄곧 했습니다. 아이가 한글을 배우고 한자어로 된 단어의 뜻을 물어오기 시작하면서 한자는 대화의 중요한 화제가 되었습니다. 지금은 우리 아이에게 단순히 한자를 가르치기보다는 한자로 쓰인 인문 고전을 함께 읽으며 화제의 대상을 넓혀 나가고 있습니다.

교육의 사전적 의미는 '지식과 기술 등을 가르치며 인격을 길러 줌'입니다. 지식이나 기술을 가르치는 학교나 학원은 많습니다.

하지만 사람으로서의 품격을 가지고 살아가는 인격은 어떻게 기를 수 있을까요?

저는 오랜 시간 검증을 통해 지금까지 생명력을 이어오고 있는 인문 고전을 읽으면서 그 길을 찾을 수 있다고 생각합니다. 가정에서 진정으로 필요한 교육을 함으로써 과도한 사교육비 부담과 공부에 대한 불안도 줄일 수 있고요.

지금은 우리 아이(초등 2학년)와 아이 또래(초등 1~4학년) 가족들과 온라인에서 한자를 공부하는 모임을 만들었고 《사자소학四字小學》을 함께 읽고 있습니다. 어른과 아이 모두에게 전국에 있는 인문학 놀이 친구가 생긴 것이지요. 인문 고전을 읽는 시간이 달빛처럼 일상을 은은하게 비춰주기를 바라는 마음으로 모임의 이름을 '달빛서당'으로 정했습니다. 그리고 함께 공부하는 어른, 어린이 학인은 모두 달빛서당을 환하게 빛내는 존재라는 뜻을 담아 '달님'이라 부릅니다.

《사자소학》은 송나라 학자인 주희가 아동 교육을 목적으로 편

찬한 수신서인 《소학小學》의 내용을 네 글자씩으로 재구성한 교재입니다. 《사자소학》은 《소학》을 토대로 조선 시대 선조들이 새롭게 만들어낸 우리 전통 문화유산이라 할 수 있습니다. 조선 시대 아이들은 서당에서 《천자문》과 《사자소학》을 시작으로 글을 배웠습니다.

《사자소학》은 일상생활과 인간관계에 필요한 본질적인 예절과 가치를 포함하고 있습니다. 현재 상황과 다른 점도 있지만, 그 또한 아이와 함께 물음표를 나눌 수 있는 화두가 됩니다. 《사자소학》을 놀이처럼 접하고 한자를 익히다 보면, 다른 동양 고전을 읽는 것도 도전할 수 있습니다. 어렵고 막연하게만 보이는 인문학 공부가 일상에 스며드는 것이죠.

이 책에서는 《사자소학》의 내용을 순서대로 쭉 읽어가는 것이 아니라 현재 생활과도 밀접한 한자와 내용이 있는 문장을 골랐습니다. 그리고 땅에 심은 씨앗이 자라듯이 인문 고전이 아이들 마음에도 싹을 틔울 수 있도록 《사자소학》에서 고른 문장을 '씨앗 문장'이라 이름 지었습니다.

한자와 인문학 공부를 위해 《사자소학》이 좋다고 하는데, 왜 좋은지, 어떤 점이 좋은지, 아이와 일상에서 어떻게 함께 꾸준히 읽을 수 있는지에 대해 궁금한 독자들을 위해 이 책을 썼습니다. 책을 읽으며 각자의 답을 찾고 시작의 발걸음을 옮길 수 있기를 바랍니다.

먼저 여행을 시작한 사람이 여행 가이드를 하듯이 구체적이고 다정한 안내서를 정성껏 준비했습니다. 아이와 함께하는 첫 인문학 공부의 여정을 마음을 다해 응원합니다.

목차 —————————————————————————————

연결

一.

연결

人 之 在 世
인 지 재 세
不 可 無 友
불 가 무 우

사람이 세상에 있으면서
친구가 없을 수 없다.

人 之 在 世
사람 인   어조사 지   있을 재   세상 세

不 可 無 友
아닐 불   가능 가   없을 무   벗 우

《사자소학》의 시작 부분에는 부모의 사랑, 자식이 지켜야 할 효(孝)에 관한 내용이 나옵니다. 달빛서당의 시작은 《사자소학》에 나오는 친구 이야기로 정했습니다. 친구라는 주제가 어린이들의 관심을 끌 수 있다고 생각했고, 다행히 예상은 적중했습니다. 새로운 것을 접할 때 배워야 한다는 의무나 강요보다 자연스럽게 관심이 생길 수 있는 환경을 만드는 것이 매우 중요하지요. 스스로 재미와 필요를 느끼게 되면 공부는 일상에서 즐기는 놀이가 됩니다.

'人之在世인지재세 不可無友불가무우, 사람이 세상에 있으면서 친구가 없을 수 없다.' 달빛서당에서 함께 심는 첫 번째 씨앗으로 선택한 《사자소학》의 문장입니다. 아이와 함께 이 글을 읽으며 서로의 친구 이야기도 자연스럽게 꺼낼 수 있었습니다. 아이가 학교에서 친구들과 어떻게 지내는지 부모들은 늘 궁금합니다. 아이들이 또래 친구들과 서로 배우고 영향을 주고받기 때문이죠.

처음에는 친구의 이름을 알아가듯 《사자소학》에 쓰인 한자를 하나씩 풀어보며 이야기 나누는 것이 좋습니다. 그리고 《사자소학》이 네 글자씩으로 구성된 어린이들이 배우는 책이라는 것도 소개합니다. 아이 이름에 쓰인 한자가 있다면 한자와 이름 뜻을 함께 이야기 나누는 것도 좋습니다. 한자와 자신의 연결 고리를 만드는 과정입니다.

'人之在世인지재세 不可無友불가무우'에 나오는 友(벗 우)는 친구가 손을 맞잡고 있는 모습에서 유래했다고 합니다. '벗'이라는 말을 낯설어 한 어린이 달님들도 있었습니다. 뜻과 음을 가진 한자를 알아가면서 고유어도 함께 배울 수 있습니다. 이 또한 어휘량이 늘어가는 과정이지요.

'人之在世인지재세 不可無友불가무우'에서 之(지)는 어조사로 쓰였습니다. 어조사는 실질적인 뜻이 없이 다른 글자를 보조하는 말로써 문맥에 따라 풀이할 수 있습니다. 《사자소학》 등 고전 한문에는 여러 가지 어조사가 나옵니다. 어조사로 쓰이는 글자는 그 쓰임이 다양합니다. 한 가지 의미로 외우는 대신 문맥을 고려해 유연하게 해석하는 것이 좋습니다.

문장 속에서 한자의 의미를 유추하다보면 아이 스스로 글의 맥락을 이해하는 독서 훈련이 됩니다. 또한, 평소 우리가 쓰는 한글 문장과 다른 구조의 한문을 읽으며 외국어 원서 읽기도 경험하게 되지요. 처음에는 어조사 같은 한문의 특징이 어렵게 느껴지지만 여러 문장에서 자주 만나면 차츰차츰 익숙해질 거예요. 서두르지 않고 한 문장씩 적은 양이라도 꾸준히 읽어가는 것이 매우 중요합니다.

'不可無友불가무우'에서 不可(불가)는 '~할 수 없다'는 뜻으로 '친구가 없다'라는 뜻의 無友(무우)와 합쳐져 '친구가 없을 수 없다'

라는 의미가 됩니다. 즉, '반드시 친구가 있다'라는 뜻입니다. 초등학교 1~2학년 달님들은 이중부정이 긍정의 의미라는 것을 어렵게 느끼기도 했습니다. '없을 수 없다'라는 말을 처음 들어봤다며 의미를 물어오는 경우도 있었습니다. 한문을 우리말로 옮기며 평소에 접하던 것보다 어렵고 다양한 문장을 이해하는 기회를 가질 수 있습니다.

"왜 여기 우산이 있어요? 여긴 비읍이 있어요."

아이들은 可(가능 가)에서 우산을 世(세상 세)에서 한글의 비읍 모양을 발견해내기도 합니다. 한글을 배운 아이들은 한자에서 한글 모양을 찾기도 합니다. 한자를 그림으로 받아들일 때는 우뇌(전체적인 이미지 등 직관 처리)가 활성화됩니다. 따라서 자음과 모음이 결합하여 소리를 표시하는 문자인 한글과 물건의 모습을 본뜬 상형문자인 한자를 함께 공부하는 것이 좌뇌(언어, 논리 담당)와 우뇌를 균형 있게 발달시키는 데 도움이 됩니다.

'人之在世인지재세 不可無友불가무우, 사람이 세상에 있으면서 친구가 없을 수 없다'라는 내용에 대해서는 동의하시나요? 저는 친구가 없었던 적을 떠올리며 이 문장에 완전히 동의할 수는 없었습니다.

"친구가 없을 수는 있지만, 영원히 없을 수는 없어요."
"모든 것들하고 친구가 될 수 있어요, 나비하고 인형하고도 말이에요."

씨앗 문장을 받아든 어린이들은 자신만의 생각의 싹을 틔워냅니다. 저는 친구를 사귀는 것이 늘 어렵다고 생각했는데요. 어린이 달님들의 이야기를 들으며 어려움 대신 언젠가는 마음이 통하는 친구를 만날 수 있을 것이라는 희망과 나비, 인형 등 모든 것하고 친구가 될 수 있다는 자유로움을 느꼈습니다. 그리고 지난 시절을 함께 했던 책, 음악 등이 모두 어떤 의미에서 친구였다는 위로와 배움을 얻을 수 있어 고마운 마음도 들었습니다.

"배우고 때때로 그것을 익히면 이 또한 기쁘지 아니한가", "벗이 먼 곳에서 찾아오면 이 또한 즐겁지 아니한가"처럼 《논어》의 첫 부분도 배움의 기쁨과 친구와 함께하는 즐거움을 이야기하고 있습니다. 그다음 문장은 "남이 알아주지 않아도 성내지 않으면 군자가 아니겠는가"라는 내용이 이어집니다. 저는 이 부분에서 한자 그리고 인문학을 공부하는 이유가 떠올랐습니다.

현재 초등학교 교과 과정에는 한자를 배우는 수업 시간이 따로 없습니다. 중·고등학교에 한문이라는 과목이 있지만 모두 선택과목입니다. 한자를 배우는 것은 남이 알아주지 않는 공부일 수도 있습니다. 그렇다고 한자 공부가 필요하지 않을까요?

우리가 쓰는 말과 글에서 한자를 쉽게 찾을 수 있습니다. 게다가 아이들의 학년이 높아질수록 교과서에 나오는 개념어는 대부분 한자로 이루어진 한자어입니다. 한자를 익히는 방법은 우리가 말을 배우는 것과 다르지 않습니다. 일상에서 한자로 된 한자어와 한문을 계속 접하는 것이지요. 처음에는 낯설었던 친구도 자주 만나면서 가까워지듯이 한자와도 친구가 될 수 있습니다.

"한자와 친구가 되었어요."

초등학교 1학년 달님의 이야기입니다. 한 글자 한 글자마다 역사와 문화, 풍부한 이야기와 그림을 품고 있는 한자는 인문학의 세계로 이끌어주는 친구입니다. 한자와 친구가 되는 방법과 한자와 친구가 되어 생기는 변화는 이어서 이야기 나눠보겠습니다.

 **사자소학 놀이**

1 人之在世인지재세 不可無友불가무우, 씨앗 문장을 소리 내 읽고 손으로 써 보세요.

2 씨앗 문장에 나오는 한자 중에 궁금한 한자를 한자 사전에서 찾아보세요.

3 그 한자가 쓰인 한자어를 발견해 보아요.

4 아래 질문 등을 아이와 함께 이야기 나눠보세요.
   人之在世인지재세 不可無友불가무우, 이 문장의 내용을 어떻게 받아들였나요?
   친한 친구는 누구인가요?

友 其 正 人
우 기 정 인

我 亦 自 正
아 역 자 정

그 바른 사람을 벗하면
나 역시 저절로 바르게 된다.

友 其 正 人
벗 우　그 기　바를 정　사람 인

我 亦 自 正
나 아　또 역　스스로 자　바를 정

"바른 게 뭐예요?"

'友其正人우기정인 我亦自正아역자정'을 읽고 바른 사람을 벗하여 나 역시 저절로 바르게 된 이야기를 아이들과 함께 나누려고 했습니다. 그런데 한 어린이 달님의 질문 앞에서 바르다, 바른 사람이 무엇인지 그 정의에 대해 처음으로 물음표가 떠올랐습니다. 아이들이 한자와 《사자소학》을 접하며 생각지도 못한 질문을 하는 경우가 종종 있습니다. 아이들의 질문을 존중하면 서로의 생각을 펼쳐 나누는 기회가 생깁니다.

"바른 건 착한 것 같아요."

한 어린이 달님은 바르다는 의미를 '착하다'로 해석했습니다. 그 아이의 '착하다'라는 말 앞에서 복잡한 마음이 들었습니다. 김소영 작가의 책 《어린이라는 세계》에서는 어린이들이 '착한 어린이가 되어야 한다'라고 생각할 것이 두려워 저자가 어린이에게 '착하다'라는 말을 잘 쓰지 않는다는 내용이 나옵니다. 저도 마찬가지입니다. 친구를 기다려 주는 것이 착하고 바르다는 아이들과 대화를 이어가면서 아이들이 중요하게 여기는 가치가 '관계'라는 생각이 들었습니다.

"친구가 다른 친구 색칠을 도와주니까 따라 했습니다."

'友其正人우기정인 我亦自正아역자정, 그 바른 사람을 벗하면 나 역시 저절로 바르게 된다'의 경험을 공유하는 아이들의 이야기를 통해서 각자가 생각하는 '바르다'의 의미도 알 수 있었습니다. 正(바를 정)의 뜻은 사람마다 '착하다'도 되었다가 '잘하다'도 되었다가 '친절하다'도 되었습니다.

正(정)이라는 한자의 유래를 알고 놀랐던 적이 있습니다. 正(정)은 城(성)을 정복하러 가는 모양에서 나온 글자로, 본래 뜻은 '정벌하다(attack)'입니다. 전쟁을 일으키는 것이 정당하다는 의미에서 '바르다'라는 뜻을 갖게 되었다는 풀이를 보면서 '정의(正義)란 무엇인가?'라는 질문과 같은 제목의 책이 떠올랐습니다. 어떻게 정의(定義)하느냐에 따라 정의(正義)는 달라질 수 있습니다.

"바른 친구를 사귀어 본 적이 없다"라고 이야기하는 달님도 있었습니다. 바르고 반듯한 건 재미없다고 개구쟁이 친구를 좋아한다는 말을 덧붙였지요. 바르다는 것에 대한 각자의 다양한 해석을 나누며 생각의 폭을 넓힙니다. 하나의 정답(正答) 대신 자신에게 필요한 질문과 해석을 찾아가는 과정 또한 인문 고전 읽기가 줄 수 있는 선물입니다.

"엘리베이터에서 친구가 어른들에게 인사하는 것을 보고 나도 따라서 인사했어요."

城 성곽성   正 바를정 義 옳을의   定 정할정 義 뜻의
正 바를정 答 대답할답

'友其正人우기정인 我亦自正아역자정, 그 바른 사람을 벗하면 나 역시 저절로 바르게 된다'의 경험으로 친구를 따라 인사했다는 이야기가 여러 번 나왔습니다. 누군가를 마주 대하거나 헤어질 때 예를 담아 하는 말과 행동인 인사(人事) 역시 人(사람 인)과 事(일 사)로 이루어진 한자어입니다. 사람이 하는 일을 아이들은 친구를 통해 알아가기도 합니다.

'부모님께 존댓말을 하는 친구를 보고 나도 부모님께 존댓말을 했다'라는 답글도 있었습니다. 무엇이 바른지 아이들 스스로 알아가고 좋아 보이는 것을 저절로 따라 합니다. 모방의 효과이지요. "세 사람이 길을 가면 그 중 반드시 나의 스승이 있다"는 《논어》에 나오는 문장입니다. 사람은 관계 속에서 계속 배울 수 있으며 동양 고전에는 관계와 관련된 이야기가 많습니다.

'友其正人우기정인 我亦自正아역자정'에서 앞에 쓰인 正(정)은 '바른'으로 해석되지만, 뒤에 나오는 正(정)은 '바르게 되다'로 풀이됩니다. 友(우)는 '벗하다'로 쓰였습니다. 友(우)는 '벗'이라는 명사

외에도 '사귀다, 가까이하다, 돕다'라는 동사로도 쓰입니다. 하나의 한자에 이렇게 여러 가지 뜻과 품사가 있다는 것도 《사자소학》을 읽으며 깨달을 수 있습니다. 대화나 문장으로 영어 단어의 쓰임을 알게 되는 것과 마찬가지입니다. 문맥 속에서 한자를 배우면 다양한 응용도 가능합니다. 예를 들어, 友(벗 우)를 友其正人우기정인에서도 쓰고, 우정(友情)에도 쓰는 한자로 인지하고 활용할 수 있게 됩니다.

한문에 쓰인 한자의 여러 가지 뜻과 품사를 설명하는 대신 자연스럽게 터득하는 방법으로 낭독이 있습니다. 문장을 입으로 소리 내 읽으면 청각도 이용하게 됩니다. 손으로 하는 필사만큼이나 입과 귀를 이용한 낭독은 한자, 한문과 자연스럽게 가까워지는 방법입니다. 특히, 한글과 달리 띄어쓰기가 따로 없는 한문을 소리 내읽다 보면 뜻이 연결되고 끊어지는 부분까지 의식하게 되어 문장의 의미를 스스로 깨닫는 데 도움이 됩니다. 옛날 서당에서도 한문 교재를 소리 내 읽기와 외우기라는 방법을 취했습니다. 선조들은 낭독, 암송으로 익힌 한자를 통해 한시를 짓고 책을 썼습니다.

友 벗우 情 마음정

달빛서당 안에서도 '友其正人우기정인 我亦自正아역자정'의 모습이 나타나고 있었습니다. 달빛서당에서는 《사자소학》 씨앗 문장 이야기를 사진, 그림, 녹음, 영상 등 자유 형식으로 공유하는데 노래처럼 씨앗 문장을 외우는 친구, 씨앗 문장 내용을 역할 놀이로 만드는 친구의 모습을 보면서 좋아 보이는 것을 서로 따라 합니다. 기록을 담당하는 어른들도 서로의 방법과 관점을 배우지요. 함께 읽고 나누며 서로에게서 배우는 '友其正人우기정인 我亦自正아역자정'의 경험이 자랍니다.

함께 즐기는 달빛서당 **사자소학 놀이**

1 友其正人우기정인 我亦自正아역자정, 씨앗 문장을 소리 내 읽고 손으로 써 보세요.

2 씨앗 문장에 나오는 한자 중에 궁금한 한자를 한자 사전에서 찾아보세요.

3 그 한자가 쓰인 한자어를 발견해 보아요.

4 아래 질문 등을 아이와 함께 이야기 나눠보세요.

友其正人우기정인 我亦自正아역자정, 이 문장의 내용을 어떻게 받아들였나요?

어떤 사람이 바르다고 생각하나요? 바른 사람이 되고 싶나요?

그렇다면 그 이유와 바른 사람이 되는 방법은 무엇이 있을까요?

3 배운지 모르고 배우다

白 沙 在 泥
백 사 재 니

不 染 自 汚
불 염 자 오

흰 모래가 진흙에 있으면
물들이지 않아도 저절로 더러워진다.

白 흰 백　　沙 모래 사　　在 있을 재　　泥 진흙 니

不 아닐 불　　染 물들 염　　自 스스로 자　　汚 더러울 오

　《사자소학》에는 어린이들이 지켜야 할 행동들만 쭉 나열된 것이 아니라 여러 가지 비유나 상징적 표현도 나옵니다. 이런 문장은 시를 읽을 때처럼 심상, 즉 마음에 떠오르는 모습에 대해 아이와 함께 이야기할 수 있습니다.

　'白沙在泥백사재니 不染自汚불염자오', 흰 모래와 진흙이 가지고 있는 시각적 이미지로 상황을 상상할 수 있는 문장입니다. 이 문장 다음에 나오는 《사자소학》 문장은 유명한 한자성어이기도 한 '근묵자흑近墨者黑'입니다. '먹을 가까이하는 사람은 검어진다'라는 뜻으로 역시 색, 물든다는 이미지를 통해 주변 환경의 중요함을 이야기하고 있습니다. "까마귀 싸우는 골에 백로야 가지 마라"는

近 가까울 근　墨 먹 묵　者 사람 자　黑 검을 흑

구절이 나오는 고려 충신 정몽주의 어머니 시조도 이와 같은 맥락으로 함께 살펴볼 수 있습니다.

닮고 싶지 않은 친구들과 어떻게 지내야 할까에 대한 이야기를 달님들과 함께 나누어 보았습니다.

"자주 놀지 않아요."
"착하게 사는 방법을 말해줘요."
"도망가요."
"인사 정도만 하고 적당히 거리를 두어요."

어린이들의 이야기를 들으며 관계의 지혜를 생각했습니다. '白沙在泥백사재니 不染自汚불염자오'에 나오는 染(물들 염)은 코로나 19 팬데믹 시기를 겪은 지난 2년 동안 화두가 되었던 글자이기도 합니다. 바이러스 감염(感染)을 피해 서로의 거리를 지키는 것이 상식이 되었죠. '白沙在泥백사재니 不染自汚불염자오'라는 씨앗 문장을 보면서 바이러스뿐만 아니라 어떤 성질도 서로 옮겨질 수

感 느낄 감 染 물들 염

있음을 비유적으로 알아갑니다. 《사자소학》을 공부할 때 지금도 많이 쓰이는 한자어를 함께 읽으면 어휘력 향상에 도움이 됩니다.

'白沙在泥백사재니 不染自汚불염자오', 이 문장에서 汚(더러울 오)와 染(물들 염)을 합쳐 오염(汚染)이라는 한자어를 만들어 아이와 함께 이야기할 수도 있습니다. 泥(진흙 니(이))와 沙(모래 사)를 보니 아이가 과학책을 읽으며 했던 질문이 떠올랐습니다.

"이암, 사암의 뜻이 뭐예요?" 이암은 泥(진흙 니(이)), 巖(바위 암)이 합쳐진 한자어로 미세한 진흙이 쌓여서 딱딱하게 굳어 이루어진 암석입니다. 사암의 뜻은 모래가 뭉쳐서 단단히 굳어진 암석으로 沙(모래 사)와 巖(바위 암)이라는 한자로 이루어진 단어입니다.

한글로 뜻을 풀어내면 긴 내용이 한자로는 단 두 글자입니다. 이암, 사암 소리로는 알 수 없었던 물질의 성질이 泥(진흙 니(이)), 沙(모래 사), 巖(바위 암) 등 한자에 모두 담겨 있습니다. 한글만으로 된 풀이를 읽을 때보다 한자로 접근하는 방식이 오히려 더 근원

적이면서도 쉬울 수 있습니다. 지층(地層), 암석(巖石), 퇴적암(堆積巖) 등 초등학교 교과서에서도 수많은 한자어가 나오고요.

　　다큐멘터리이자 책으로도 나온 《EBS 당신의 문해력》에서는 중·고등학교에서 학생들이 단어의 뜻을 몰라 수업이 진행되지 않는다는 선생님의 호소가 나옵니다. 교과서를 읽고도 이해하지 못하는 아이들의 고통도 큽니다. "모르는 게 나오면 질문을 하면 되지 않느냐?"라는 물음에 한 중학교 3학년 학생은 "모르는 단어가 너무 많아서 어떻게 질문해야 할지 모르겠어요"라고 대답합니다. 교과서 개념어의 90퍼센트 이상이 한자로 된 한자어입니다. 한자에 대한 이해가 전혀 없이 한자어로 된 교과서 내용을 읽는다는 것은 의미를 모르는 외래어를 읽는 것과 큰 차이가 없습니다.

　　교과서에 있는 내용을 이해하기는커녕 외우는데 급급한 공부는 스스로 질문하고 분석하고 창조할 힘을 길러 주지 못합니다. 한자를 아는 것은 국어의 어휘력과 사고력으로 이어지고 이는 공부의 기초체력이 됩니다. 아이들이 초등학교 저학년, 비교적 시간 여

地 땅지 　層 층층 　　巖 바위암 　石 돌석
堆 쌓을퇴 　積 쌓을적 　巖 바위암

유가 있고 부모와 보내는 시간을 좋아하는 기간 동안 한자라는 기초체력을 가정에서 키워야 하는 이유입니다.

창작을 좋아하는 아이들은 한자의 조어력을 이용해 새로운 단어를 만들어내기도 합니다. 한자와 친해지면 어렵게 보이던 한자어도 장난감 레고처럼 스스로 풀어헤치고 원하는 모양을 만들며 창의력을 발휘하게 되는 것이지요. 아이들이 잠재된 능력을 발휘할 수 있도록 일상에서 한자와 만날 수 있는 환경을 만들어주는 것이 중요합니다. 이 과정에서 부모도 한자에 대한 관심과 지식이 늘어납니다. 저는 이것이 가족 문화가 만들어지는 과정과 같다고 생각합니다.

"왜 目(눈 목)에 머리카락이 삐져나와 있어요?"

自(스스로 자)를 쓰면서 한 아이가 말했습니다. 익숙한 글자라고 생각했는데 아이의 말 덕분에 自(스스로 자)를 한자 사전에서 함께 찾아봤습니다. 自(스스로 자)는 눈이 아니라 코를 뜻했던 한자입니다. 코로 숨을 저절로 쉰다는 뜻에서 '스스로, 저절로'라는 뜻을 지니게 되었습니다. 아이와 함께 자연(自然), 자유(自由), 자동차(自動車) 등 自(스스로 자)가 들어간 한자어를 찾아보고 이야기해 봅니다. 아이는 자기의 몸을 가리키며 자신(自身)에 있는 自(스스로 자)를 찾았습니다.

'白沙在泥백사재니 不染自汚불염자오, 흰 모래가 진흙에 있으면 물들이지 않아도 저절로 더러워진다.' 이 문장 앞에 있는 《사자소학》 문장은 '蓬生麻中봉생마중 不扶自直불부자직, 쑥이 삼 가운데서 자라나면 붙들어주지 않아도 저절로 곧아진다'라는 내용입니다. 역시 환경의 영향을 받는다는 것을 식물이 성장하는 모습으로 비유한 문장입니다. 아이에게 한자를 공부하라는 말 대신 부모가 먼저 필요한 한자를 공부하며 자녀와 함께 이야기를 나누는 환경에서 아이는 배운 줄도 모르고 인문학과 가까워집니다.

自 스스로 자   然 그러할 연   自 스스로 자   由 말미암을 유
自 스스로 자   動 움직일 동   車 수레 차   自 스스로 자   身 몸 신
蓬 쑥 봉   生 날 생   麻 삼 마   中 가운데 중
不 아닐 불   扶 도울 부   自 스스로 자   直 곧을 직

함께 즐기는 달빛서당 **사자소학 놀이**

1 白沙在泥백사재니 不染自汚불염자오, 씨앗 문장을 소리 내 읽고 손으로 써 보세요.

2 씨앗 문장에 나오는 한자 중에 궁금한 한자를 한자 사전에서 찾아보세요.

3 그 한자가 쓰인 한자어를 발견해 보아요.

4 아래 질문 등을 아이와 함께 이야기 나눠보세요.

   白沙在泥백사재니 不染自汚불염자오, 이 문장의 내용을 어떻게 받아들였나요?

   어떤 친구나 환경에 영향을 받아 변한 경험이 있나요?

   주변에 어떤 영향을 주는 사람이 되고 싶나요? 그 이유는 무엇인가요?

4 친구를 가려 사귀어요?

擇 而 交 之
택 이 교 지
有 所 補 益
유 소 보 익

사람을 가려서 사귀면
도움과 유익함이 있다.

擇 而 交 之
가릴 택　말 이을 이　사귈 교　이것 지
有 所 補 益
있을 유　바 소　도울 보　더할 익

우리는 매일 선택을 합니다. 잠을 더 잘지 말지, 뭘 먹을지 말이죠. 인생은 선택의 연속입니다. 무언가를 선택하면 선택으로 인한 대가도 지불합니다. 대가는 돈이나 시간, 노력이 될 수도 있죠. 그래서 선택은 책임을 의미하기도 합니다.

부모 역할이 어렵게 느껴지는 이유도 선택과 무관하지 않다고 생각합니다. 우리 아이에게 어떤 음식을 먹일지, 어떤 교육을 시킬지 등 육아에서도 선택이 필요한 순간이 많습니다. '맹모삼천지교 孟母三遷之敎'라는 말이 있지요. 맹자의 어머니는 아들이 친구들과 어울려 어떻게 노는지를 유심히 살펴보고 거주 환경을 바꾸는 선택을 했습니다.

孟 맏 맹 母 어미 모 三 석 삼 遷 옮길 천 之 어조사 지 敎 가르침 교

《사자소학》에도 선택에 대한 문장이 나옵니다. '擇而交之택이
교지 有所補益유소보익, 사람을 가려서 사귀면 도움과 유익함이
있다'라는 씨앗 문장을 매개로 선택의 기준과 이유에 대해 아이들
과 함께 대화를 나눌 수 있습니다. 이 과정에서 평소에는 미처 알지
못했던 서로의 마음을 좀 더 투명하게 이해할 수 있지요.

친구를 가려서 사귀면 도움과 유익함이 있다는 말에 대해서 어
린이들이 어떻게 생각할지 궁금했습니다.

"가려요?"

아이들은 문장 해석을 읽으며 '가리다'의 뜻을 헷갈려 했습니
다. 국어 사전에서 '가리다'를 찾아보면 '보이거나 통하지 못하도록
막다'라는 뜻도 있습니다. 한글만으로는 뜻 구별이 충분히 되지 않
을 때 단어가 쓰인 맥락과 함께 한자를 유심히 살펴보는 시간을 갖
습니다. 선택(選擇)이라는 말에도 쓰이는 擇(가릴 택)이라는 한자
속 扌가 手(손 수)라는 것을 이야기하고 손을 이용해 무언가 뽑는

選 가릴 선   擇 가릴 택

모습을 보이니 아이는 여럿 가운데서 하나를 구별하여 고르는 '가리다'의 뜻을 이해합니다. 몸을 움직이고 그림과 이야기로 만들어낸 한자는 기억에 선명하게 남게 됩니다. 아이와 함께 한자를 배울 때도 글자와 관련된 촉각, 시각, 청각, 후각 등 오감을 활용하는 것이 효과적입니다.

　　"친구의 좋은 점을 배울 수 있어요."
　　"고른 친구가 좋을 수도 안 좋을 수 있어요."
　　"준비물이 없을 때 빌려 쓸 수 있어요."
　　"나부터 좋은 사람이 되어야 해요."

　　'擇而交之택이교지 有所補益유소보익' 이 문장에 대한 생각을 묻는 질문에 어린이 달님들은 다양한 의견을 들려주었습니다. '친구들과 두루두루 잘 지내는 것이 좋지 않을까?' 하고 친구를 가려서 사귄다는 것에 대해서 의아해하는 달님도 있었습니다.

　　"擇而交之택이교지 有所補益유소보익에서 擇(택)은 판단하거나 걸러낸다기보다 내게 잘 맞는 친구를 잘 가려낼 수 있는 안목과 힘을 말하는 것 같아요. 서로를 잘 이해하고 또 다른 면들에 도움과 유익함을 주는 친구들을 아이가 만나기를 바랍니다." 친구를 가려 사귄다는 것에 대한 의문에서 나아가 자신만의 생각을 정리한 한 엄마의 이야기를 듣고 저는 공감했습니다.

부모, 형제와 달리 친구는 아이 스스로 선택할 수 있는 관계입니다. 친구를 사귀는 것은 아이가 성장하면서 맞이하는 선택의 기회입니다. 다른 선택과 마찬가지로 교우 관계 역시 내가 어떤 사람인지를 보여줍니다. 선량하고 지혜로운 사람 곁에 비슷한 사람들이 모이는 법이지요. '擇而交之택이교지 有所補益유소보익, 사람을 가려서 사귀면 도움과 유익함이 있다'라는 이 문장은 내가 도움과 유익함을 줄 수 있는 사람이 되어야 한다는 것을 말하고 있습니다.

'有所補益유소보익'에 있는 補(도울 보)는 떨어지거나 해어진 곳을 '꿰매다, 돕다'는 뜻을 가진 한자로 보충(補充), 보완(補完) 등 한자어에도 쓰입니다. 益(익)은 더하다, 이롭다는 뜻으로 유익(有

補 도울 보 充 찰 충   補 도울 보 完 완전할 완

益), 이익(利益)이란 단어를 만듭니다.

"도움과 유익은 뭐가 달라요?"라는 한 아이의 질문에 비슷한 듯 보이는 두 단어 뜻에 어떤 차이가 있는지 궁금해 국어 사전을 찾아봤습니다. '도움'의 사전적 의미는 '남을 돕는 일'이며 '유익'은 '이롭거나 도움이 될 만한 것이 있음'입니다. 남을 돕는 것이 자신에게도 유익하다는 것을 아이와 함께 이야기 나눴습니다.

"질서를 잘 지키고 친구에게도 도움이 되도록 행동하는 사람이 될 거예요."

"친구가 어려울 때 도와줍니다."

"과자 파티를 할 때 친구가 과자를 안 가져오면 과자를 한 봉지 줄 거예요."

"친절하게 하고 밥도 같이 먹을 거예요."

"도와줄 때 상대방이 싫어할 수도 있으니 신경 써서 해야 해요."

도움과 유익함을 나눌 수 있는 사람이 되는 방법에 대해서도 어린이들은 다양한 목소리를 들려주었습니다. 달님들의 이야기를

有 있을 유   益 더할 익   利 이로울 이   益 더할 익

들으며 대단한 능력을 가져야 타인을 도울 수 있는 것이 아니라 자기 자리에서 손을 내밀 수 있는 태도가 중요하다는 생각이 들었습니다. 우리는 자신과 타인에게 도움이 되는 태도를 선택하며 살아갈 수 있습니다.

 **사자소학 놀이**

1 擇而交之택이교지 有所補益유소보익, 씨앗 문장을 소리 내 읽고 손으로 써 보세요.

2 씨앗 문장에 나오는 한자 중에 궁금한 한자를 한자 사전에서 찾아보세요.

3 그 한자가 쓰인 한자어를 발견해 보아요.

4 아래 질문 등을 아이와 함께 이야기 나눠보세요.

擇而交之택이교지 有所補益유소보익, 이 문장의 내용을 어떻게 받아들였나요?

어떤 친구가 도움이 되고 유익하다고 생각하나요?

도움과 유익함을 주는 친구가 되고 싶나요?

그렇다면 그 이유와 도움과 유익함을 줄 수 있는 방법은 무엇일까요?

5 도리어 해가 있다고요?

不	擇	而	交
불	택	이	교

反	有	害	矣
반	유	해	의

친구를 가리지 않고 사귀면
도리어 해가 있다.

不	擇	而	交
아닐 불	가릴 택	말 이을 이	사귈 교

反	有	害	矣
돌이킬 반	있을 유	해할 해	어조사 의

　《사자소학》에는 대조를 이루는 문장이 많이 나옵니다. 예를 들면, '友其正人우기정인 我亦自正아역자정, 그 바른 사람을 벗하면 나도 저절로 바르게 된다.' 다음에는 '從遊邪人종유사인 我亦自邪아역자사, 간사한 사람을 따라서 놀면 나 또한 저절로 간사해진다'라는 문장이 이어집니다. '친구를 가려서 사귀면 도움과 유익함이 있다'라는 '擇而交之택이교지 有所補益유소보익' 다음에는 '不擇而交불택이교 反有害矣반유해의, 친구를 가리지 않고 사귀면 도리어 해가 있다'라는 내용이 이어집니다.

　"앞에 문장과 정반대에요"라는 아이의 말을 듣고 반대의 뜻과 한문 구조에서 많이 쓰이는 대조법에 대해 살펴보게 되었습니다.

從 좇을 종　遊 놀 유　邪 간사할 사　人 사람 인
我 나 아　亦 또 역　自 스스로 자　邪 간사할 사

반대(反對)는 反(거꾸로 반)과 對(대할 대)가 합쳐져 만들어진 한자어로 두 사물의 모양, 위치, 방향, 순서 등이 뒤집어 맞서 있음을 뜻합니다. 앞과 뒤, 위와 아래, 많다와 적다를 '반대'의 예로 들 수 있습니다. 어떤 의견에 찬성하지 않을 때 쓰는 말도 '반대'입니다.

'不擇而交불택이교 反有害矣반유해의, 친구를 가리지 않고 사귀면 도리어 해가 있다'는 '擇而交之택이교지 有所補益유소보익, 친구를 가려서 사귀면 도움과 유익함이 있다'와 뜻이 반대되는 문장이 아닙니다. 오히려 좋은 친구를 사귀는 것이 중요하다는 같은 뜻을 강조하고 있습니다. 이처럼 대립하는 문장을 이어서 주제를 뚜렷하게 드러내는 대조법은 《사자소학》뿐 아니라 《도덕경》,《논어》 등 한문으로 된 동양 고전에 많이 나오는 수사법입니다.

일상 대화에서도 대조법을 발견하는 순간이 있습니다. 단어의 뜻을 물어오는 아이에게 설명할 때입니다. '바르다'의 의미를 알려주기 위해서 바르지 않은 상황에 대한 이야기를 꺼냅니다. 그리고 깨달았습니다. 대조법에는 전하고자 하는 메시지가 상대방에게 선명하게 가닿고 싶다는 마음이 담겨 있다는 것을요. 《사자소학》에 나오는 대조 구조의 문장은 같은 주제를 변주함으로써 반복 학습의 효과를 가집니다. 반복을 거듭하면 익숙해지고 익숙해지면 스스로 문장을 만들고 배운 내용을 일상에서 실천할 수도 있습니다.

'不擇而交불택이교 反有害矣반유해의, 친구를 가리지 않고 사귀면 도리어 해가 있다'에서 矣(의)는 실질적인 뜻 없이 '~이다, ~이니라'라는 어투를 완성하고 있는 어조사로 쓰였습니다. 이 문장에 쓰인 어조사를 보고 앞서 씨앗 문장에서 나온 다른 어조사 而(이)와 之(지)를 떠올리는 달님들도 있었습니다. 처음에는 한문에 있는 어조사를 접하고 어린이 달님들이 많이 어려워했는데 여러 번 접하면서 희미하게라도 기억에 남게 된 것입니다.

저는 이것을 배움의 씨앗이라 이야기하고 싶습니다. 앎을 바탕으로 이루어지는 사람의 품위를 일컫는 교양(culture)은 원래 경작(耕作)을 뜻했습니다. 저는 달빛서당에서 배움의 씨앗을 어린이들의 머리와 가슴에 심고 그것이 싹을 틔우고 잘 자랄 수 있도록 돕

耕 밭갈 경 作 지을 작

는 역할을 합니다. 씨앗이 싹을 틔우는 속도와 열매의 모습은 모두 다릅니다. 빠르게 싹이 나고 꽃이 피지 않는다고 실망하지 않고 씨앗이 필요로 하는 양분과 물, 햇빛을 꾸준히 제공합니다.

'不擇而交불택이교 反有害矣반유해의, 친구를 가리지 않고 사귀면 도리어 해가 있다'에서 反(반)은 '도리어'라는 뜻의 부사로 쓰였습니다. 절반의 반(半), 우리 반(班) 등과 같이 '반'자 소리가 나지만 反(거꾸로 반)과 뜻이 다른 한자를 비교해서 이야기하면서 뜻글자인 한자의 특징을 알아볼 수 있었습니다.

反(반)은 '뒤집다, 돌아오다' 등의 뜻으로 쓰일 때는 '반'으로 소리 나지만 '어렵다'라는 뜻일 때는 '번', '조심하다, 팔다'라는 뜻일 때는 '판'으로 소리 나는 다음자입니다. 한자와 한문에 대한 설명이나 이론을 따로 딱딱하게 설명하기보다는 해당 특징이 있는 한자나 문장이 있을 때, 예를 들어 설명하는 편이 어린이들이 쉽게 이해하고 관심을 가지는 데 도움이 됩니다.

半 절반 **반**	班 나눌 **반**

초등학교 1~2학년인 저학년 달님 중에 '해(害)하다'의 뜻을 알지 못하는 경우가 여럿 있었습니다. 해(害) 옆에 그려놓은 해님 그림을 보고 웃음이 터졌던 적도 있었지요. 害(해할 해)가 들어가는 손해(損害), 가해자(加害者), 피해자(被害者)라는 단어를 아직 쓸 일이 없어 모르는 것이 다행이라는 생각도 들었습니다. 害(해)의 본래 뜻은 상처인데, '다치게 하거나 망가지게 한다'라는 뜻으로 많이 쓰입니다.

"친구를 가리지 않고 사귀게 되면 어떻게 될까요?"라는 질문에 대해 달님들은 "친구의 안 좋은 점을 따라 할 수 있어요", "욕을 배워서 따라서 쓸 수도 있어요"라는 이야기를 들려주었습니다.

전혀 생각지 못하게 "그네에서 떨어질 수 있다"라는 답변도 있었습니다. 바이킹(그네에서 한 명이 앉고, 다른 한 명이 서서 타는 놀이)을 하게 될 때 서서 타는 친구가 너무 세게 그네를 움직이면 앉아서 타는 친구가 떨어질 수 있다는 이야기였습니다. 아이들은 이렇게 자신의 경험과 인문 고전의 내용을 연결합니다.

損 덜 손　害 해할 해　　加 더할 가　害 해할 해　者 사람 자
被 입을 피　害 해할 해　者 사람 자

해로운 친구를 만나면 "내가 먼저 좋은 행동을 할 거예요"라고 한 달님도 있었습니다.

공지영 작가의 책 《딸에게 주는 레시피》에서는 친구를 만나고 돌아오는 길에 왠지 화가 나고 아이스크림, 짜장면, 라면 등이 먹고 싶어지면서 오늘따라 내가 왜 이렇게 밉지, 하는 생각이 들거든 그 친구하고의 만남을 자제하라는 내용이 나옵니다.

해로운 친구는 함께 있을 때 나의 모습이 마음에 들지 않는 친구일 수 있습니다. 내가 좋아하는 것만큼이나 내가 싫어하는 것도 자신이 어떤 사람인지 알 수 있게 해줍니다. 중요한 것은 내가 주변 사람을 보고 어떤 배움을 취할 수 있느냐 하는 것이겠지요. 배움의 방법과 의미에 대해서는 다음 씨앗 문장에서 한 걸음 더 나아가 보겠습니다.

 **사자소학 놀이**

1 不擇而交불택이교 反有害矣반유해의, 씨앗 문장을 소리 내 읽고 손으로 써 보세요.

2 씨앗 문장에 나오는 한자 중에 궁금한 한자를 한자 사전에서 찾아보세요.

3 그 한자가 쓰인 한자어를 발견해 보아요.

4 아래 질문 등을 아이와 함께 이야기 나눠보세요.

不擇而交불택이교 反有害矣반유해의 이 문장의 내용을 어떻게 받아들였나요?

어떤 친구가 해롭다고 생각하나요?

해로운 친구를 만났을 때 어떻게 하는 게 좋을까요?

問 우리 아이가 몇 살 때부터 한자를 노출하면 좋을까요?

答 아이에게 한자를 노출하기 좋은 시기는 아이의 발달 상황마다 다를 수 있습니다. 아이가 한글을 읽을 수 있게 되면 질문이 많아집니다. 길거리를 가다가 적혀 있는 글자를 소리 내서 읽으며 그 의미를 물어오는 것이지요. 예를 들어, 바닥에 적힌 '소방차 주차 전용'이라는 글을 아이는 소리 내서 읽을 수는 있지만 '전용'의 뜻이 무엇인지 몰라 질문을 합니다.

글을 읽게 되면서 어휘량이 증가하는 시기에 아이들은 전용 같은 한자어를 만나게 됩니다. 한글로 표기된 '전용'은 맥락에 따라 여러 가지 뜻을 갖습니다. 여러 가지 뜻마다 한자가 모두 다른데요. 오로지 전(專)과 쓸 용(用)이 합쳐진 한자어 전용(專用)일 때는 '특정한 부분에 한하여 쓴다'라는 의미이며 구를 전(轉), 쓸 용(用)이 합쳐진 한자어 전용(轉用)일 때는 '예정되어있는 곳에 쓰지 않고 다른 데로 돌려 쓴다'라는 의미입니다.

아이가 뜻을 물어보는 단어가 한자어일 때는 한자를 하나씩 풀어서 설명하는 것이 이해에 도움이 됩니다. 한글로 적혀진 많은 내용 안에 한자가 있고 어떤 한자가 쓰였는지에 따라 의미가 달라진다는 것을 자연스럽게 알아갈 수 있습니다. 처음에는 그림이 포함된 기초 한자 벽보 등을 집에 두고 오고 가며 보는 방법을 추천합니다.

問 한자 사전은 어떤 것이 좋을까요?

答 아이와 함께 한자 공부를 하면서 참고해서 볼 수 있는 한자 사전을 묻는 질문을 종종 받습니다. 한자를 모아서 일정한 순서로 늘어놓고 글자 하나하나의 뜻과 음을 풀이한 책을 자전 혹은 옥편이라고 하지요. 어떤 한자를 보고 그 음과 뜻을 알지 못할 때 부수를 가지고 한자를 찾습니다. 부수는 공통되는 글자의 한 부분(예를 들어, '衣'는 '表', '衲', '裦', '被' 글자의 부수입니다)으로 사전에서 한자를 찾는 길잡이 역할을 합니다.

여전히 종이 사전으로 부수를 통해 한자를 찾는 방법도 있지만, 이 방법은 시간이 걸리고 무거운 사전을 계속 들고 다니면서 확인하기에 불편하다는 단점이 있습니다. 지금은 디지털로 변환된 한자 사전을 이용할 수 있습니다. 네이버나 다음 등 포털 사이트가 제공하는 한자 사전 혹은 스마트폰에서 쓸 수 있는 사전 어플리케이션이 있습니다. 특히, 마우스나 손가락으로 한자를 써서 그 뜻과 음을 확인할 수 있는 한자 필기 인식이 편리합니다. 해당 한자의 부수나 음을 모르는 경우에도 필기 인식으로 한자의 뜻과 쓰임을 찾아볼 수 있습니다.

한자 사전 대신 제가 추천하고 싶은 것은 국어 사전입니다. 아이가 한자어의 뜻을 물어볼 때 아이와 함께 국어 사전을 보거나 아이가 직접 국어 사전을 볼 수 있게 알려주는 것을 권합니다. 국어 사전은 한자어라면 한자가 병기되어 있는 것이 좋습니다. 컴퓨터나 스마트폰 국어 사전에서 한자어를 검색하면 병기된 한자를 바로 검색할 수 있습니다. 하지만 디지털

기기 사용 시간을 줄이고 싶다면 집에 종이로 된 국어 사전을 두고 찾아

보는 게 좋습니다. 한자어에 쓰인 한자 하나하나의 뜻도 사전에서 확인하

고 싶다면 그 내용이 나와 있는 《속뜻풀이 초등국어 사전》을 참고할 수

있습니다.

二.

소통

二.

소통

6 잘못을 알고 고치는 것

見	善	從	之
견	선	종	지
知	過	必	改
지	과	필	개

착한 것을 보면 그것을 따르고
잘못을 알면 반드시 고쳐라.

見	善	從	之
볼 견	착할 선	좇을 종	이것 지
知	過	必	改
알 지	허물 과	반드시 필	고칠 개

"나는 왜 못 봤지?"

우리 아이와 함께 길을 걷다 보면 풀과 꽃, 곤충 등 평소에는 무심코 지나쳤던 것을 발견할 때가 있습니다. 발견에도 쓰이는 한자 見(견)은 目(눈 목)과 儿(어진사람 인)이 결합한 한자로 '보다'라는 뜻을 가집니다. 見(견)의 갑골문을 보면 人(사람 인)에 큰 눈이 그려져 있었다고 합니다. 見(견)이 들어가는 《사자소학》 씨앗 문장을 달님들과 함께 읽어보았습니다.

'見善從之견선종지 知過必改지과필개, 착한 것을 보면 그것을 따르고 잘못을 알면 반드시 고쳐라.' 이 문장에서는 '보고', '알고'

난 이후의 행동을 강조하고 있습니다.

善(선)을 사전에서 찾아보면 '착하다, 어질다, 좋다, 좋아하다, 사이좋다, 잘 알다, 아끼다, 잘하다, 다스리다, 기리다, 많다' 등 여러 뜻이 나옵니다. '見善從之견선종지'에서 善(선)은 타인의 좋은 점이라고 할 수 있습니다. '知過必改지과필개'에서 過(과)는 善(선)과 상반되는 의미로 '허물, 잘못'이라는 뜻으로 쓰였습니다.

過(과)에 대한 정의가 《논어》에 나오는데 그 내용이 흥미롭습니다. '過而不改是謂過矣과이불개시위과의' 공자의 말씀으로 '잘못을 하고서도 고치지 않는 것이 바로 잘못이다'라는 뜻입니다. 실수는 누구나 할 수 있지만 바로잡는 것이 중요하지요. 잘못과 고침 사이에 필요한 것은 '앎(知)'입니다. 《사자소학》에 나오는 '知過必改지과필개'는 이러한 가르침을 어린이들도 알 수 있게 어렵지 않은 네 글자의 한자로 정리한 내용이라 할 수 있습니다.

從(좇을 종)은 彳(조금 걸을 척)자와 止(발 지)자, 从(좇을 종)자가 결합한 한자로 앞사람을 졸졸 쫓아가는 사람의 모습이 담겨 있

過 허물 과　而 말 이을 이　不 아닐 불　改 고칠 개
是 옳을 시　謂 이를 위　過 허물 과　矣 어조사 의

습니다. 종군(從軍), 종사(從事), 종속(從屬) 등의 한자어에도 쓰입니다. '좇다'라는 발음이 좀 어려워 '따르다 종'으로 어린이들에게 설명해주기도 했습니다. "시옷이 세 번이나 들어가 있어요" 從(좇을 종)에서 한글 자음 시옷의 모양을 발견하는 어린이들의 시선이 새롭습니다.

우리말의 '보다'에 해당하는 한자로는 見(견) 말고도 여러 가지가 있습니다. '心不在焉視而不見심부재언시이불견, 마음에 있지 않으면 보아도 보이지 않는다'는 유교 경전 사서(四書)의 하나인《대학》에 나오는 문장입니다. 보아도 보이지 않는다는 것은 무슨 의미일까요?' 아리송한 이 문장을 이해하기 위해서는 한자를 살펴보는 것이 좋습니다.

앞에 나온 視(볼 시)는 시각(視覺)에도 쓰이는 한자로 눈으로 보는 동작을 의미합니다. 반면 뒤에 나온 見(볼 견)은 견학(見學),

---

從 좇을 종　軍 군사 군　　從 좇을 종　事 일 사
從 좇을 종　屬 엮을 속
心 마음 심　不 아닐 부　在 있을 재　焉 어찌 언
視 볼 시　而 말 이을 이　不 아닐 불　見 볼 견

견문(見聞), 발견(發見)에도 쓰이는 한자로 주의를 기울여서 보는 것을 말합니다.

視(시), 見(견) 외에 觀(관), 察(찰)도 '관찰하다, 살펴보다'라는 뜻을 가진 한자입니다. '보다'와 관련된 視(시), 見(견) 觀(관), 察(찰) 등 한자를 함께 알게 되면 상황에 맞는 단어를 골라 쓸 수 있습니다. 다양한 어휘의 선택지를 가지게 되는 것입니다.

언어를 정확하게 구사한다는 것은 사고력과 연관됩니다. '내 언어의 한계가 내 세계의 한계다'라는 철학자 비트겐슈타인의 말처럼 한자가 많이 섞여 있는 한국어를 쓰는 환경에서 한자에 관심을 가지면 생각의 기초가 되는 언어의 저변을 다지고 넓힐 수 있습니다.

누군가의 좋은 점을 본 경험과 잘못된 점을 보고 고친 적이 있는지 달님들과 함께 이야기 나누었습니다.

視 볼 시　覺 깨달을 각　　見 볼 견　學 배울 학

見 볼 견　聞 들을 문　　發 드러낼 발　見 볼 견　　觀 볼 관　察 살필 찰

"공부를 잘하진 못해도 열심히 노력하는 친구가 좋아 보여요."

"누가 친구를 놀리고 있을 때 어떤 친구가 '하지 마'하고 큰 소리로 말했어요."

"친구가 상대방 물건을 뺏어가는 것을 보고 나는 그러지 않았어요."

"친구가 엄마한테 짜증을 내는 모습을 보니 기분이 좋지 않아서 나는 짜증을 내지 않았어요."

"한 친구가 따돌리는 걸 봤어요. 나는 친구를 따돌리지 않을 거예요."

누군가의 좋은 점을 부러워하며 따르기보다 나답게 살아가고 싶다는 달님의 이야기도 있었습니다. 달님들의 이야기를 들으며 저는 고전과 역사를 공부하는 이유가 생각났습니다. 우리가 옛사람들이 쓴 고전을 읽고 역사를 배우는 것도 그 속에서 좋은 것은 따르고 좋지 않은 것을 고치기 위함이 아닐까요? 공부는 기존의 지식을 습득하는 것에서 끝나는 것이 아니라 과거, 현재, 미래를 이어가는 생생한 과정입니다.

인류가 지금까지 쌓아온 경험은 현재를 살아가고 미래를 만들어갈 우리에게 많은 가르침을 줍니다. 이미 많은 대가를 치른 잘못을 반복하지 않아야겠지요. 세상은 빠르게 변하고 있지만, 의식주가 필요하고 관계를 맺고 살아가는 등 사람의 본질은 변하지 않습니다. 긴 시간의 검증을 거친 고전은 인간의 본질을 꿰뚫고 있습니다.

신영복의 마지막 강의라는 부제가 붙은 책 《담론》에서 고전 공부는 인류의 지적 유산을 토대로 하여 미래를 만들어가는 창조적 실천이라는 내용이 나옵니다. 앞으로 세상이 어떻게 변할지 예측하기 어렵지만, 아이와 함께 한자로 된 고전을 읽으며 변하지 않는 인간다움에 대해 생각하고 이야기해보는 것도 미래를 대비하는 공부이자 실천입니다.

사자소학 놀이

1 見善從之견선종지 知過必改지과필개, 씨앗 문장을 소리 내 읽고 손으로
써 보세요.

2 씨앗 문장에 나오는 한자 중에 궁금한 한자를 한자 사전에서 찾아보세요.

3 그 한자가 쓰인 한자어를 발견해 보아요.

4 아래 질문 등을 아이와 함께 이야기 나눠보세요.

見善從之견선종지 知過必改지과필개, 이 문장의 내용을 어떻게 받아들였
나요?

주변 사람의 좋은 점을 본 경험과 안 좋은 점을 본 경험이 있나요?

좋은 점과 안 좋은 점을 보고 나서 자신에게도 변화가 있었나요?

있었다면 그 이유는 무엇이고 어떤 변화가 생겼나요?

7 생각과 감정의 주인이 되는 법

疑 思 必 問
의 사 필 문

忿 思 必 難
분 사 필 난

의심이 나면 반드시 물을 것을 생각하며
화가 나면 반드시 어려움을 생각하라.

疑 思 必 問
의심할 의　생각 사　반드시 필　물을 문

忿 思 必 難
성낼 분　생각 사　반드시 필　어려울 난

'疑思必問의사필문 忿思必難분사필난'《사자소학》에 나오는
이 문장을 보고 저는 유대인 교육이 떠올랐습니다.

　"오늘 학교에서 뭘 질문했니?" 유대인 가정에서는 학교에서 돌
아온 자녀에게 이 같은 물음을 던진다고 합니다. "오늘 학교에서 선
생님 말씀 잘 들었어?"라는 말과 확연히 다릅니다. 전자는 배움에
대한 적극성을 후자는 배움에 대한 수동성을 보여줍니다.

　유대인의 교육 방식인 '하부르타'도 세계에서 많은 관심을 받
고 있습니다. 하부르타는 친구를 의미하는 히브리어 '하베르'에서
유래한 용어로 짝을 이뤄 서로 질문하고 답하며 공부하는 방식입
니다. 정해진 하나의 답을 고르는 것이 아니라 서로 의견을 주고받

으며 이해를 넓히고 새로운 생각을 찾는 방법으로 유대인의 창의성 교육 방법으로 꼽힙니다.

달빛서당에는 궁금한 것을 잘 묻는 달님도 있고 그렇지 않은 달님도 있습니다. '疑思必問의사필문'에서 疑(의)의 '의심하다'라는 뜻이 궁금하다는 달님의 질문을 받고 저는 疑(의)에는 이렇게 '궁금해지다. 물음표가 생기다'라는 뜻이 있다고 설명하기도 했습니다.

"질문하려면 생각을 해야 하는데 생각을 잘하지 않아서 질문도 없어요."
"질문을 잘해요."
"수업 시간에 질문을 너무 많이 해서 친구들이 뭐라고 그래요."
"수업 시간이니까 조용히 해야 해서 생각만 해요."
"부끄러워서 질문을 잘 못해요."

질문에 대한 질문을 통해 아이들의 다양한 의견을 들을 수 있었습니다.

부모로서 아이의 교육을 생각할 때 '앞으로 아이가 살아갈 세상은 어떨까?' 하는 질문을 품게 됩니다. 빠르게 변화하는 세상 속에서 내가 받은 교육 내용과 방식을 아이에게 그대로 물려주는 것은 위험할 수도 있다고 생각합니다. 정도의 차이는 있지만, 현재 초등학교에 다니는 아이들은 어릴 때부터 유튜브나 포털 사이트 등 인터넷에서 많은 정보를 접합니다. 인공지능을 이용한 Chat-GPT를 통해서도 다양한 정보를 빠르고 편하게 활용할 수도 있습니다.

사람만이 할 수 있다고 여겨졌던 많은 일이 기계에 의해 대체되어왔고, 그 과정에서 1차, 2차, 3차 산업혁명이 이어졌습니다. 현재 많이 이야기되고 있는 4차 산업혁명은 인공지능과 사물 인터넷, 빅 데이터, 클라우드 컴퓨팅 등 신기술이 기존의 산업과 사회에 융합되어 일어나는 변화입니다. 4차 산업혁명은 교육에서도 중요한 화두입니다.

앞으로 아이들이 살아갈 세상을 정확하게 예측하기는 어렵겠지만, 소통 능력과 창의성의 필요는 더욱 커지고 있습니다. 한자 공부는 소통 능력과 창의성 향상에 도움이 됩니다. 한자를 알면 우리말과 글의 뜻을 정확하게 이해하고 전달하는 데 유리합니다. 활발한 소통을 통해서 새로운 것을 생각해내는 능력도 발달하게 됩니다.

외국어 능력은 모국어 능력을 넘어설 수 없습니다. 통·번역 인공지능을 이용하여 소통할 때도 모국어 사용 능력은 여전히 중요합니다. 모국어는 생각의 도구가 되기 때문입니다. 많은 지식을 단순히 머릿속에 넣기보다 질문을 하고 비판적 사고를 하는 시간이 필요합니다.

'배우기만 하고 생각하지 않으면 남는 게 없고 생각하기만 하고 배우지 않으면 위험하다'는 《논어》에 나오는 문장입니다. 질문은 배움과 생각을 이어주며 인문 고전은 이러한 근본적인 질문을 꺼내기 좋은 책입니다.

배우는 것만큼이나 중요한 것이 감정을 다스리는 것이지요. '疑思必問의사필문' 다음에 이어지는 문장은 '忿思必難분사필난'으로 '화가 나면 반드시 어려움을 생각하라'라는 내용입니다.

忿(성낼 분)은 分(나눌 분)과 心(마음 심)이 합쳐진 글자라는 설명을 듣자 한 아이는 하트에 금이 간 그림을 그렸습니다. 마음이 조각조각 나눠진 것 같이 아프고 화나던 기분까지 한자 이야기와 그림으로 함께 표현할 수 있었습니다.

어렵다는 상태를 나타내는 형용사로 주로 쓰이기도 하는 難(난)이 이 문장에서는 어려움이라는 명사로 쓰였습니다. '忿思必難분사필난' 화가 솟구칠 때 폭발시키기보다 화를 냈을 때의 후환을 생각하라는 뜻으로도 해석할 수 있습니다. 감정에 휩쓸리기보다 조절하는 것이 필요하다는 것을 말해주는 문장이기도 합니다. '疑思必問의사필문 忿思必難분사필난' 8자의 한자를 통해 생각과 감정의 주인이 되는 법을 배워갑니다. 함축적인 문자인 한자로 이루어진 한자 문장은 씨앗처럼 마음에 남아 시간이 갈수록 그 싹을 틔울 수 있습니다.

화가 났을 때 어떻게 화를 누그러뜨리는지 달빛서당 달님들의 이야기를 모아봤습니다.

"잘 모르겠어요."

"울어버려요."

"이 악물고 참아요."

"주먹을 꼭 쥐어요."

"풍선을 터트려요."

"심호흡을 해요."

"방에 들어가요."

"마음을 가라앉히고 좋은 생각을 해요."

"'어휴'라고 숨 고르기를 하거나 3부터 100의 소리 중 20 정도의 목소리로 화를 내요."

활활 타오르는 화로 자신과 주변을 다 태워버릴 것 같을 때가 있지요. 때론 주변 사람에게 그 불이 옮겨붙을 때도 있습니다. 마흔이 된 저도 화를 조절하기가 어려운데 어린이 달님들이 이렇게 감정을 다스리는 방법을 찾고 지혜를 나누어 줄 수 있다는 것이 놀랍고 고마웠습니다. 가끔 불행하다 느낄 때는 나만 어렵고, 나만 화가 나고, 나만 참고 있는 것 같이 '나'만 커진 상태인 것 같습니다. 서로 이렇게 애를 쓰며 살고 있다는 것을 떠올리면 안에 치솟는 불에 물을 끼얹듯이 마음의 평정을 찾는데 도움이 됩니다.

함께 즐기는 달빛서당 사자소학 놀이

1 疑思必問의사필문 忿思必難분사필난, 씨앗 문장을 소리 내 읽고 손으로 써 보세요.

2 씨앗 문장에 나오는 한자 중에 궁금한 한자를 한자 사전에서 찾아보세요.

3 그 한자가 쓰인 한자어를 발견해 보아요.

4 아래 질문 등을 아이와 함께 이야기 나눠보세요.

   疑思必問의사필문 忿思必難분사필난, 이 문장의 내용을 어떻게 받아들였나요?

   궁금한 내용이 생기면 질문을 하나요?

   질문을 하거나 혹은 하지 않는 이유는 무엇인가요?

   화가 날 때는 어떻게 하는 게 좋을까요? 그리고 그 이유는 무엇인가요?

8 충고는 어려워

朋 友 有 過
붕 우 유 과

忠 告 善 導
충 고 선 도

친구에게 잘못이 있거든
충고하여 선으로 이끌어라.

朋 友 有 過
벗 붕   벗 우   있을 유   허물 과

忠 告 善 導
충성 충   알릴 고   착할 선   이끌 도

'朋友有過붕우유과 忠告善導충고선도, 친구에게 잘못이 있거든 충고하여 선으로 이끌어라'라는 문장으로 '충고'에 대한 이야기를 어린이 달님들과 함께 나눠보았습니다. 예전에 한 예능 방송에서 어느 어린이 출연자가 했던 말이 아직도 기억에 남습니다. "잔소리는 기분이 나쁘고 충고는 더 기분 나쁘다"라는 내용이었습니다.

　잔소리보다 더 기분 나쁠 수 있는 충고는 대체 어떤 말일까요? 충고의 사전적 의미는 '남의 결함이나 잘못을 진심으로 타이름이나 그런 말'입니다. 나의 부족한 점이나 잘못을 들으면 기분이 언짢아지기도 합니다. 그럴 때는 충고의 한자를 떠올려봅니다. 충고(忠告)는 忠(충성 충)과 告(알릴 고)로 이루어진 한자어입니다. 忠(충)

은 心(마음 심) 위에 中(가운데 중)이 있는 글자로 진정성 있는 마음을 뜻하며, 동양 철학에서 중요한 사상이기도 합니다.

일이나 관계에 있어 충성을 강조하는 내용을 동양 고전에서 자주 찾아볼 수 있습니다. 누군가 내가 한 잘못에 대해 진심 어린 충고를 한다면 내가 조금 더 나은 행동을 하는 데 도움이 될 수 있습니다. 반대의 경우도 마찬가지입니다. 친구가 보지 못하는 문제점을 보고 마음에서 우러나오는 조언을 해준다면 친구는 덕분에 잘못을 개선할 기회를 얻게 됩니다.

잘못하는 친구가 있다면 어떻게 하는지에 대해서 달님들과 함께 이야기를 나눠보았습니다.

"하지 마'라고 합니다."
"충고는 어려워요."
"주변 사람들에게 도와 달라고 해요."
"친구가 자기가 틀렸다는 것을 인정할 수 있게 설득해요."

"친구가 왜 그러는지 이야기를 들어 줄 거예요."

충고에 앞서 친구가 왜 그렇게 행동하는지 물어본다는 달님의 이야기가 제 마음에 울림을 남겼습니다. 누군가를 설득하기 위해서는 상대방의 현재 마음과 상태를 이해하는 것이 필요합니다. 이해에는 경청이 요구됩니다. 이는 상대방을 존중하는 태도와 관련이 있습니다.

충고 다음에 나오는 선도(善導)는 善(착할 선)과 導(이끌 도)로 이루어진 말로 올바른 길로 이끈다는 뜻입니다. 올바른 길로 함께 가기 위해서는 서로의 마음과 가고자 하는 방향에 대해서 이야기 나누는 과정이 필요합니다. 누군가를 바른길로 인도하기 위해서는 스스로 바른길로 향하는 행동이 있어야 합니다.

"친구가 잘못하면 말은 하지만 화를 내진 않아요"라는 달님의 이야기는 친구에게 충고하는 바른 태도를 보여주고 있습니다. 누군가에게 충고할 때 화를 내기보다 진심으로 상대를 생각하는 마음과 생각이 전달된다면 관계도 잘 유지되고 함께 더 좋은 길로 나아갈 수 있을 것입니다.

한자를 사전에서 찾아보면 뜻과 음이 나옵니다. 예를 들어, 過를 한자 사전에서 찾아보면 '지날 과, 재앙 화'라는 뜻과 음이 나오고 여러 가지 뜻이 아래로 이어집니다. 過는 '지나다'는 뜻을 가질 때는 '과'로 소리 나고 '재앙'이란 뜻을 가질 때는 '화'로 소리 나기도 합니다.

'朋友有過붕우유과 忠告善導충고선도' 이 문장에서 過(과)는 어떤 뜻으로 쓰였을까요? '朋友有過붕우유과', 여기서 過(과)는 잘못이란 의미로, 이 문장은 '친구에게 잘못이 있다'로 해석할 수 있습니다.

어린이들은 한자 사전에 나와 있는 한 한자가 가진 다양한 뜻과 소리를 보고 놀라거나 어렵게 느낄 때도 있습니다. 한 한자의 뜻이 여러 가지고 소리도 뜻에 따라 다르게 날 수 있다는 것을 억지로 외울 필요는 없습니다. 일상에서 흔하게 쓰는 한자어로도 한자의 다양한 특징을 재미있게 알아갈 수 있습니다.

과식(過食), 過(지날 과)와 食(먹을 식)이 합쳐져 지나치게 많이 먹는다는 단어를 달님들에게 보여주고 過(과)가 들어간 다른 말을 함께 만들어보았습니다. 달님들은 과속(過速), 과체중(過體重) 같은 단어를 생각해 들려주었습니다. 다른 글자와 더불어 말을 만들어내는 한자의 조어력을 어린이들 스스로 느끼고 배울 수 있는 시간입니다. 과일이나 과자를 이야기하는 어린이도 있었습니다. 한자가 아니거나 다른 한자를 쓰는 단어를 이야기하는 것도 또한 배움이 될 수 있습니다. 소리는 같지만, 뜻은 다를 수 있다는 것을 생각해내는 기회가 되기 때문입니다.

지적이며 과학적인 태도의 핵심은 언제든지 틀릴 수 있음을 알고, 오류를 인정하는 것입니다. 김진애 박사가 쓴 책 《왜 공부하는가》에는 저자가 MIT 유학시절 어느 교수한테 들었던 "너의 믿음을 흔들어라!(Suspend your belief!)"라는 말이 나옵니다. 어떤 생각이나 믿음도 흔들어서 새롭게 볼 필요가 있다는 말입니다.

過 지날 과　速 빠를 속　　過 지날 과　體 몸 체　重 무거울 중

인문학은 익숙한 것을 새롭게 보는 과정입니다. 평소에 쓰는 말과 글에 있는 한자에 관심을 가지는 것은 일상에서 인문학을 즐기는 방법입니다. 무궁무진한 한자의 세계를 한 번에 정복할 수는 없지만 매일 한자의 뜻을 발견하는 기쁨은 누릴 수 있습니다.

조어력뿐만 아니라 경제성도 우리가 한자를 이용하는 이유입니다. 《사자소학》 씨앗 문장의 한자 원문과 우리말 해석을 함께 보고 읽으면 그 특징을 발견할 수 있습니다. 글자 수로 따져본다면 우리말 해석보다 원문에 쓰인 한자 수가 적습니다. 글자 하나에 많은 뜻을 내포하는 한자를 이용하면 긴 내용도 짧게 정리할 수 있습니다. 네 글자로 된 문장으로 글과 예절을 가르치는 《사자소학》 역시 한자의 경제성을 보여줍니다.

《사자소학》뿐만 아니라 어린이들이 좋아하는 짧은 말로 '사자성어'가 있습니다. 사자성어四字成語라는 이름 자체가 네 글자로 된 이야기라는 것을 알려주면 어린이들이 더욱 흥미를 보입니다. 친구에 관한 《사자소학》 문장을 읽을 때는 '죽마고우竹馬故友' 같

竹 대나무 죽 馬 말 마 故 옛 고 友 벗 우

은 사자성어를 함께 보는 것도 좋습니다. 대나무, 말, 친구 같은 그림과 함께 죽마고우라는 네 글자의 한자를 보여주면 그림책이 만들어내는 이야기처럼 사자성어를 배울 수 있습니다.

 사자소학 놀이

1　朋友有過붕우유과 忠告善導충고선도, 씨앗 문장을 소리 내 읽고 손으로 써 보세요.

2　씨앗 문장에 나오는 한자 중에 궁금한 한자를 한자 사전에서 찾아보세요.

3　그 한자가 쓰인 한자어를 발견해 보아요.

4　아래 질문 등을 아이와 함께 이야기 나눠보세요.

　　朋友有過붕우유과 忠告善導충고선도, 이 문장의 내용을 어떻게 받아들였나요?

　　친구가 잘못을 한다면 어떻게 할까요?

　　충고를 잘하는 편인가요?

　　충고를 하거나 들을 때 어떻게 하는 것이 좋을까요?

9 성실하게

行必正直
행 필 정 직
言則信實
언 즉 신 실

행동은 반드시 정직해야 하고
말은 미덥고 성실해야 한다.

行 必 正 直
행할 행 　 반드시 필 　 바를 정 　 곧을 직

言 則 信 實
말씀 언 　 곧 즉 　 믿을 신 　 열매 실

사람은 행동과 말을 통해 자신을 표현하고 타인과 관계를 맺고 살아갈 수 있습니다. 《사자소학》에도 말과 행동에 대한 내용이 많이 나옵니다. '行必正直행필정직 言則信實언즉신실' 이 문장은 행동과 말을 어떻게 하는 것이 좋은지 그 이유는 무엇인지에 대해 함께 이야기 나눌 수 있게 해줍니다.

이 문장 속 정직은 앞에서도 나온 한자 正(바를 정)과 直(곧을 직)이 합쳐져 만들어진 단어로, 일상생활에서도 자주 언급되는 가치입니다. 마음에 거짓이 없는 바르고 곧은 정직한 행동은 어떤 모습으로 나타날까요? 먼저 거짓된 행동과 말을 한 경험이 있는지 달님들과 이야기를 나누어 보았습니다.

"엄마 몰래 친구랑 맛있는 거 사 먹었어요."

"문제를 풀다가 답지를 봤어요."

"거짓말을 해서 더 혼났어요."

"머리 감을 때 물만 묻혔는데 비누칠을 했다고 했어요."

"모르는 것을 안다고 했어요."

달님들의 이야기를 들으니 어려운 상황을 모면하기 위해 거짓말을 했던 과거의 제 모습도 떠올랐습니다. 거짓말에 관한 유명한 이야기인 '양치기 소년'을 어린이 달님들도 대부분 알고 있었습니다.

이솝 우화 속 양치기 소년은 늑대들이 나타나 양을 물어간다고 거짓말을 반복했고, 결국 진짜 늑대가 나타났을 때는 마을 사람들이 소년의 말을 믿지 않아 도움을 주지 못합니다. 거짓말이 쌓이고 신뢰가 깎인 것이죠. 신뢰에도 쓰이는 信(믿을 신)은 人(사람 인)과 言(말씀 언)이 결합한 모습으로 동양 고전에서 자주 나오는 대표적 가치이기도 합니다.

'言則信實언즉신실'에서 信(믿을 신)과 함께 쓰인 한자 實(열매

실)은 성실(誠實), 실재(實在)에도 쓰입니다. 實(실)은 집에 밭이나 재물이 있음을 나타낸 모습에서 유래했습니다. 한자 實(실)을 이루는 宀(집), 田(밭), 貝(재물) 모두 눈에 보이는 것입니다. 實(실)은 '열매, 씨, 재물, 바탕, 정성, 행하다'라는 뜻으로 쓰이며, 실이라고 소리 나기도 하지만 '이르다, 다다르다'라는 뜻으로 쓰일 때는 '지'라고 말합니다. 처음에는 집, 밭, 재물처럼 눈에 보이는 것에 쓰였던 實(실)이 시간을 거치면서 믿음이라는 눈에 보이지 않는 가치가 쌓여 '참되다'라는 뜻도 가지게 된 것이 아닌지 추측해 볼 수 있습니다. 한자를 배우고 고전을 읽는 인문학 공부도 당장 눈에는 안 보이지만 없어서는 안 될 중요한 힘을 기르는 과정이라고 생각합니다.

양치기 소년에서 볼 수 있듯이 믿음이 없는 관계에서는 서로에게 필요한 도움을 줄 수 없습니다. 타인과 함께 더불어 살아가는 사회에서 '믿음, 신뢰'는 협력의 기초가 됩니다. 그러면 이 믿음은 어떻게 생겨나는 것일까요? 한자 信(믿을 신)의 모습에서 볼 수 있듯이 사람이 한 말을 지키는 것이 중요합니다. 말과 행동이 일치하지 않는 사람은 신뢰를 얻지 못합니다.

誠 정성 성　實 열매 실　　實 열매 실　在 있을 재

"미안한 마음이 들었어요."

정직하지 않게 행동하고 거짓말을 했을 때 "미안한 마음이 들었어요"라고 말하는 달님도 있었습니다. 마음이 편치 못하고 부끄러운 것은 남에게만 그런 것이 아니라 스스로에게도 마찬가지입니다. 자신에게 진실해지는 것은 나와 건강한 관계를 맺는 출발점이 됩니다.

자기를 믿는 마음인 자신감(自信感) 역시 스스로 한 말을 행동으로 옮기면서 만들어집니다. 아이와 함께 집에서 《사자소학》을 읽을 때도 함께 약속을 정하는 것이 좋습니다. 예를 들어, 매주 월요일 저녁에 《사자소학》을 읽기로 이야기했으면 행동으로 옮깁니다. 그 시간이 쌓일수록 서로에 대한 신뢰와 한자 공부에 대한 자신감도 쌓입니다.

인문 고전을 읽는다는 것은 단순히 책에 있는 내용을 배우는 데서 그치는 것이 아니라 어떻게 살 것인가에 대한 질문을 던지고

自 스스로자 信 믿을신 感 느낄감

각자의 답을 찾아가는 과정입니다. 특히, 원문을 읽을 때 우리는 더 적극적인 독서를 하게 됩니다. 무슨 뜻인지 잘 모르는 문장을 붙들고 고민하면서 내 생각의 갈래를 찾아가는 사색의 과정이지요. 그 과정은 부드러운 살에 단단한 근육이 생기는 것처럼 힘이 들기도 합니다. 하지만 이렇게 낯선 시간 속에서 삶의 새로운 풍경을 마주하고 익숙한 일상 속에서도 반짝이는 아름다움을 발견하는 눈을 가지게 됩니다.

한 아이는 '行必正直행필정직'에 있는 直(직)을 손으로 쓰면서는 자신이 아는 目(눈 목)이 보인다고 이야기했습니다. 한자를 배운 지 얼마 되지 않은 아이의 시선을 통해 익숙한 한자도 새롭게 보일 때가 많습니다. 直(직)은 눈(目)이 기울어지지 않았음을 표현한 글자로 획이 하나 더해져 '곧다'라는 뜻을 강조하게 되었다고 합니다. 보는 것부터 시작인 경우가 많죠. 아는 것과 보는 것이 서로 영향을 줘서 이미 다 안다고 생각하면 새로운 것이 눈에 들어오지 않는 경우가 많이 있습니다.

한자와 인문학 공부는 내 마음과 생각을 새롭게 살펴보는 데 도움이 됩니다. 넓고 깊은 고전의 세계는 마치 거울처럼 우리의 마음과 생각을 비춰주는 역할을 합니다. 칭화대 10년 연속 최고의 명강의로 '수신의 길'이라는 부제가 붙은 책 《나를 지켜낸다는 것》에 따르면 유가(儒家)의 자성(自省) 학설은 개개인들이 스스로를 치료하는 심리치료사가 되도록 가르치는 것이라고 합니다.

고전을 읽으면서 자신을 돌아보는 성찰은 마음 챙김, 나를 사랑하는 방법이며 세상의 빠른 속도와 적당한 거리를 만들고 내가 있는 곳, 닿고 싶은 방향을 살펴보는 시간입니다. 현재의 나를 살펴야 더 나은 나를 만들어 갈 수 있습니다.

儒 유학 유　家 집 가　　自 스스로 자　省 살필 성

함께 즐기는 달빛서당 **사자소학 놀이**

1 行必正直행필정직 言則信實언즉신실, 씨앗 문장을 소리 내 읽고 손으로 써 보세요.

2 씨앗 문장에 나오는 한자 중에 궁금한 한자를 한자 사전에서 찾아보세요.

3 그 한자가 쓰인 한자어를 발견해 보아요.

4 아래 질문 등을 아이와 함께 이야기 나눠보세요.

行必正直행필정직 言則信實언즉신실, 이 문장의 내용을 어떻게 받아들였나요?

행동은 정직하고 말은 미덥고 성실하게 하고 있나요?

정직하게 행동하고 말하는 것이 어렵다면 왜 그럴까요?

정직하게 행동하고 말하지 않는다면 어떻게 될까요?

10 기본에서 시작하자

容 貌 端 正
용 모 단 정

衣 冠 整 齊
의 관 정 제

용모는 단정하게 하고
의관은 바르고 가지런하게 하라.

容 貌 端 正
얼굴 용   모양 모   바를 단   바를 정

衣 冠 整 齊
옷 의   갓 관   가지런할 정   가지런할 제

학교 다닐 때 교실 거울에 적혀 있던 용모단정이라는 말을 기억하시나요? 용모단정도 《사자소학》에 나오는 말입니다. 용모(容貌)는 '사람 얼굴의 모양'을 뜻하고, 단정(端正)은 '품행이 단정하다'라고 할 때 쓰이는 말입니다. 端(단)과 正(정) 모두 '바르다'라는 의미를 갖습니다.

　'容貌端正용모단정 衣冠整齊의관정제'는 앞에서 나온 '行必正直행필정직 言則信實언즉신실'과 이어지는 문장입니다. 行(행동), 言(말), 容(얼굴), 衣(옷)이 중요한 순으로 나와 있으며 모두 겉으로 드러난다는 공통점이 있습니다.

"용모단정은 세수를 잘하는 것부터 시작이에요."

"세수, 양치, 머리 감기를 잘하는 것이 용모를 단정히 하는 거예요."

"의관정제는 옷을 너무 화려하게 입지 않는 거예요."

"화장을 하지 않아도 충분히 단정할 수 있어요."

저는 용모를 단정히 하는 방법으로 화장품이나 피부 시술 등을 떠올렸는데 어린이들이 들려주는 이야기에서 기본의 중요함을 새삼 느꼈습니다. 이젠 아침마다 아이에게 세수하자, 양치하자, 머리 빗자 등의 말을 길게 늘여놓는 대신 "용모단정하자"라고 말하며 《사자소학》 문장을 복습하겠다는 어른 달님의 이야기도 있었습니다. 아름다운 용모를 이야기할 때 표정도 빼놓을 수 없습니다. 한자어 표정(表情)은 마음속에 담은 정서가 겉으로 드러남을 의미합니다. 환한 표정과 깨끗한 옷차림은 보는 사람도 기분 좋게 합니다.

그렇다면 '의관정제衣冠整齊'는 무슨 뜻일까요? 의관은 남자의 웃옷(衣)과 갓(冠)이라는 뜻으로, 남자가 정식으로 갖추어 입는 옷

表 겉 표 情 마음 정

차림을 이르는 말이지요. 고전에 나오는 단어의 기준점은 남성일 경우가 많아 이렇게 해석할 수 있습니다. 하지만 현대적으로 해석한다면 남녀에 국한되지 않는 옷차림이라고 할 수 있지요. 정제에 쓰인 整(정)과 齊(제)는 모두 '가지런하다'라는 뜻으로 쓰였습니다. 정제에는 정돈하여 가지런히 함, 격식에 맞게 차려입고 매무시(옷단장)를 바르게 함이라는 의미가 있습니다.

내 몸을 깨끗하게 하고 상황에 맞는 옷을 입는 것은 예의를 지키는 것이자 자신을 사랑하는 방법일 수 있습니다. 티피오(T.P.O)라는 말이 있지요. Time, Place, Occasion의 머리글자로 옷은 시간, 장소, 경우에 맞게 착용해야 한다는 점을 강조하기 위해 나온 말입니다. 산에 가는데, 걷기도 힘든 길고 좁은 치마를 입는다면 적당한 옷차림이 아니겠지요. 옷을 입을 때 개인적인 취향뿐 아니라 상황, 기능적인 점도 고려해야 합니다.

그렇다면 의관(衣冠)의 한 부분인 갓은 왜 필요했을까요? 갓은 옛날 성인 남자가 머리에 쓰던 쓰개의 한 종류입니다. 《사자소학》

을 읽었던 조선 시대에 갓은 자신의 위치를 보여주는 도구이기도 했습니다. 冠(갓 관)에 禮(예절 예)를 붙인 단어 관례(冠禮)는 예전에 어른이 되었음을 알리는 성년식을 뜻했습니다. 남자가 어른이 되어 상투를 틀고 갓을 쓰게 한다고 하여 관례라고 하였지요. 여자의 성년식은 머리를 올려 쪽을 지고 비녀를 꽂는다고 해서 笄(비녀 계)를 쓴 계례(笄禮)라 했습니다.

초등학교 사회 교과서에도 나오는 관혼상제冠婚喪祭는 관례와 혼례, 상례와 제례를 아우르는 말로 우리나라에서 중요하게 여긴 전통의례를 말합니다. 관례뿐 아니라 혼례, 상례, 제례 등의 의식을 행할 때 입는 옷이 따로 있었습니다. 이렇게 한자를 통해 어원을 이해하면 꼬리에 꼬리를 물고 우리의 전통문화를 알아갈 수 있습니다.

전통은 현재, 미래와 단절되지 않고 이어지거나 재창조되기도 합니다. 관(冠)은 갓처럼 옛날 단어에만 쓰이는 것이 아니라 왕관(王冠), 금관(金冠), 화관(花冠) 등 머리에 쓰는 것을 표현할 때 여전히 많이 쓰이고 있습니다.

冠 갓관　婚 혼인할혼　喪 죽을상　祭 제사제

王 임금왕　冠 갓관　　金 쇠금　冠 갓관　　花 꽃화　冠 갓관

"생활 속 한자뿐 아니라 자주 쓰이는 영어 약자도 호기심을 가지고 그 단어에 대해 생각하게 되어서 일상이 늘 배움이 됩니다."

"아이들이 궁금한 단어를 묻는 일이 많아졌어요. 함께 국어 사전을 찾아 정확한 뜻과 한자를 찾는 일도 늘고 있어요. 이게 꽤 재밌어요."

함께 달빛서당에서 한자를 배우는 어른 달님들의 이야기입니다. 호기심은 새롭고 신기한 것을 좋아하거나 모르는 것을 알고 싶어 하는 마음으로 학습의 원동력이 됩니다. 한자에 관심을 가지면 무심코 쓰는 말을 새롭게 보는 데 도움이 됩니다. 국어 사전에 병기된 한자를 보고 궁금한 내용이 더 많아지기도 하고요.

한자를 알아가며 능동적인 공부를 하게 되었다는 이야기를 여러 번 들었습니다. 처음에는 아이를 가르칠 작정으로 참여하게 되었는데 엄마가 즐겁게 공부하게 된다고 합니다. 能(능할 능)과 動(움직일 동)이 합쳐져서 만들어진 한자어 능동(能動)의 뜻은 스스로 내켜서 하는 움직임으로 공부와 합쳐지면 자기 주도적 학습을 의미합니다.

공부는 한자로 '工夫'라고 씁니다. 신영복 선생님께서는 '공
(工)'은 하늘과 땅을 연결한다는 뜻이고 '夫(부)'는 하늘과 땅을 연
결하는 주체가 사람(人)이며 공부란 하늘과 땅을 사람이 연결하는
것이라 풀이했습니다. 이렇듯 공부는 세상과 나를 잇는 과정입니
다. 그리고 그 시간이 능동적일수록 즐겁고 배우는 게 많아집니다.
한자를 알면 일상에서 능동적 공부를 할 수 있는 좋은 도구를 몸에
익히게 됩니다.

사전과 어원을 찾아보며 스스로 생각을 확장시키고 조합해서
메타인지에 접근할 수 있게 되었다는 어른 달님도 있었습니다. 그
동안 바쁜 학원 스케줄 속에서 놓치고 있었던 부분이라는 이야기
가 이어졌습니다. 한자는 우리말을 이해할 수 있도록 적당한 거리
를 마련해주고, 이 거리감은 자신에 대해 한 차원 높은 시각에서 파
악할 수 있게 하는 메타인지와 이어집니다. 책이나 교과서에 나온
한자어 속 한자를 이해해 속뜻을 파악하는 것, 용모단정을 위한 첫

걸음인 세수와 같은 기본의 시작입니다.

![달빛서당 로고] **사자소학 놀이**

1 容貌端正용모단정 衣冠整齊의관정제, 씨앗 문장을 소리 내 읽고 손으로
써 보세요.

2 씨앗 문장에 나오는 한자 중에 궁금한 한자를 한자 사전에서 찾아보세요.

3 그 한자가 쓰인 한자어를 발견해 보아요.

4 아래 질문 등을 아이와 함께 이야기 나눠보세요.

容貌端正용모단정 衣冠整齊의관정제, 이 문장의 내용을 어떻게 받아들였
나요?

용모단정 의관정제가 중요한가요?

중요하다고 생각하거나 안 중요하다고 생각하는 이유는 무엇인가요?

용모를 단정하게 하고 옷차림을 가지런하게 하는 방법이 있다면 알려주세요.

問 아이와 함께 한자 공부하는 것이 어려운데 어떻게 해야 할까요?

答 내 아이의 공부는 직접 가르치지 않는 것이 좋다는 이야기가 있죠. 아이에게 무언가를 가르쳐 주다 욱한 경험은 부모라면 누구나 있을 것 같아요. 저도 그렇고요. 저도 아이와 함께 공부하는 것이 어려웠고 시행착오를 거치면서 방법을 찾아가고 있어요.

저에게 도움이 되었던 방법을 말씀드릴게요. 먼저 아이와 함께 언제 무엇을 할지를 정해요. 매주 월요일 저녁을 먹고 나서는 《사자소학》을 함께 읽고 이야기 나누기, 이렇게 아이와 서로 약속했어요. 그 시간에는 둘 다 《사자소학》 공부를 우선순위로 삼았지요. 그다음에는 약속을 반복적으로 지킴으로써 습관화하는 것이 필요해요. 함께 공부할 때 아이가 눈빛을 빛내며 관심을 보이는 부분이 있을 거예요. 낭독일 수도 있고 사전 찾기나 획순에 따라 쓰기일 수도 있어요. 아이가 좋아하는 부분이 생기면 어느 정도 놀이처럼 받아들여 지속하는 힘을 갖게 되고요.

그리고 또래 친구들과 《사자소학》 읽기 모임을 만들어 함께하는 것도 추천해요. 함께하는 사람들이 생기면 서로 연결되는 재미와 규칙이 생겨요. 처음에는 좀 번거로울 수도 있지만, 함께 글을 읽고 이야기를 나누는 독서 모임의 경험도 할 수 있어 추천하고 있어요.

問 아이가 한자 쓰는 것을 싫어하는데 어떻게 해야 할까요?

答 한자 획순과 모양이 복잡해서 한자 쓰기는 어른도 어렵고 귀찮아 할 때가 많아요. 하지만 저는 한자 쓰기를 통해 한자에 대한 호기심을 자극할 수 있다고 생각해요. 아이가 한자를 쓰며 어려워할 때 옆에서 함께 쓰는 방법도 효과적이에요. 이 한자는 왜 이렇게 복잡할까, 서로 이런저런 이야기도 주고받다가 '왜 이런 모양의 한자가 되었을까?' 하고 궁금해져서 한자 사전 내용을 자세히 살펴보기도 해요.

한자 쓰는 것에 거부감이 심하면 굳이 쓰지 않고 눈으로 보고 소리 내 읽어보세요. 그리고 한자 사전을 통해 한 한자가 가진 다양한 의미와 유래 이야기(그림)로 흥미를 유발하는 것도 추천해요. 네이버 한자 사전 등 온라인에서 한자를 찾을 때 필기 인식을 해보는 것도 한자 쓰기에 관심이 생기는 방법이에요. 직접 한자를 써 보면서 뜻까지 검색할 수 있으니, 아이들이 재미있어해요. 획순 보기 기능을 통해 획이 많아 어려워 보이는 한자도 한 획 한 획 순서대로 따라 쓰면서 성취감도 느낄 수 있어요.

三.

본질

三.
본질

11 예란 무엇인가?

非	禮	勿	視
비	례	물	시

非	禮	勿	聽
비	례	물	청

**예가 아니면 보지 말고
예가 아니면 듣지 말라.**

非	禮	勿	視
아닐 비	예절 예	말 물	볼 시

非	禮	勿	聽
아닐 비	예절 예	말 물	들을 청

평소 가정에서 예절 교육을 하시나요?《사자소학》문장을 통해서도 일상생활에 필요한 예절 이야기를 아이와 함께할 수 있습니다.

'非禮勿視비례물시 非禮勿聽비례물청, 예가 아니면 보지 말고 예가 아니면 듣지 말라'로 해석되는 문장입니다. 禮(예)는 사람이 마땅히 지켜야 할 도리를 뜻하죠. 사람은 혼자서는 살 수 없고 다른 사람들과 함께 살아가기에 禮(예)가 필요합니다. 공공장소에서는 다른 사람들에게 방해가 되지 않게 행동하기, 질서 지키기 등도 일상에서 지켜야 할 禮(예)입니다.

禮(예)가 아니어서 보거나 듣지 말아야 할 것은 무엇인지 어린이 달님들의 생각을 들어보았어요.

"싸우는 것을 보지 말아야 해요."
"놀리는 소리를 듣지 않아요."
"동생이 떼쓰는 모습을 보지도 않고 듣지도 말아야 해요."

교실에서의 예절을 말하는 달님들도 있었습니다. 선생님에게 예의 없이 말하고 행동하는 친구에게 한마디씩 하거나 귀를 막는 다는 달님의 이야기가 '非禮勿視비례물시 非禮勿聽비례물청'의 모습으로 다가왔습니다. 작은 사회인 학급 안에서 아이들이 서로에 대한 예의를 지키고 그 기준을 잡아주는 선생님의 권위도 잘 지켜지기를 바란다는 어른 달님의 이야기도 있었습니다.

'왜 예가 아니면 보지 말고 듣지 말아야 할까?'라는 질문에 어린이 달님들은 "기분이 안 좋아져요. 따라 할 수 있어요." 등 각자의 답변을 들려주었습니다. 사람은 사회적 동물로 주변 환경의 영향을 받습니다. 보는 것, 듣는 것 등 외부에서 오는 자극을 감각 하는 바는 사람마다 다를 수 있습니다. 내가 어떤 자극에, 어떻게 반응하는지를 알아차리는 것도 자신을 알아가는 방법입니다. 사회에서 통용되는 보편적인 예를 배우는 동시에 자신이 어떤 상황에서 무례하다고 느끼는지도 파악하고 표현할 수 있어요.

요즘은 보고 듣는 것이 온라인에서 이뤄지는 경우가 많습니다. 손으로 스마트폰을 터치하기만 해도 수많은 볼거리와 들을 거리가 펼쳐집니다. 그 내용 중에서 어떤 것을 보고 들을지, 기준을 가지고 판단하지 않으면 정보의 홍수에 빠져 허우적거릴 수 있습니다. 지금의 관점에서 '非禮勿視비례물시 非禮勿聽비례물청'을 생각한다면 실제 생활뿐 아니라 온라인에서 무엇을 볼 것인지 보지 않을 지로 확장해 볼 수 있습니다.

아이뿐 아니라 어른들도 스마트폰 사용 시간을 조절하는 것이 어렵습니다. 언제 어디서라도 인터넷과 연결되어 정보를 검색할 수 있지만, 외부의 속도와 반응에 정신을 빼앗겨 자신과의 연결이 끊어지곤 합니다. 부모가 스마트폰에 빠져 다른 것에 집중하지 못하는 태도를 아이들이 닮아가기도 합니다. '아이의 인터넷 사용은 어떻게 지도해야 하는 걸까?'라는 고민이 많아집니다.

《멈추지 못하는 사람들》에는 오늘날 우리가 사는 세상에서 천천히 일어나는 일은 거의 없으며, 우리 뇌는 점점 참을성 없고 호들갑스러운 반응을 보인다는 내용이 나옵니다. 글과 영상의 길이는 점점 짧아지고 속도는 빨라지고 있습니다. 패스트푸드 같은 콘텐츠 사이에서 오랜 시간 생명력을 유지하고 있는 인문 고전은 슬로우 푸드라고 할 수 있습니다.

빠르게 쭉쭉 읽어 나가기보다 낭독, 필사, 씨앗 문장 대화 등을 통해 천천히 인문 고전의 맛을 음미해 주세요. 처음에는 먹기 어려웠던 음식도 함께 계속해서 먹다 보면 입맛에 맞게 될 수 있지요. 아이를 위해 건강에 좋은 음식을 준비하듯 인문 고전 독서라는 집밥을 짓습니다.

'非禮勿視비례물시 非禮勿聽비례물청'에서 勿(물)을 사전에서 찾아보면 '말 물'이라고 나옵니다. 동물 말 혹은 언어를 떠올리는 어린이 달님에게 여기서 말은 '하지 말라'라는 금지의 뜻이 있다는 것을 알려주었습니다. 勿(물) 다음에 視(볼 시)와 聽(들을 청)이 쓰여서 '보지 말라, 듣지 말라'로 풀이되는 것이지요.

　한 아이는 聽(들을 청)에서 자신이 알고 있는 마음 심(心)을 발견하고 반가워했어요. 아이들과 함께 聽(들을 청)이 들어가는 단어인 청각(聽覺), 청중(聽衆), 청진기(聽診器) 등을 찾는 놀이를 합니다.

　聽(들을 청)의 갑골문은 耳(귀 이)와 口(입 구)가 합쳐진 형태로 누군가의 말을 듣고 있는 모습이 표현된 글자였다고 합니다. 그리고 이 글자는 耳(귀 이)와 悳(덕 덕)이 있는 모습으로 변화되었습니다. 聽(들을 청)은 단순히 듣는다는 뜻만 가진 것이 아니라 '받아들이다, 용서하다, 살피다'라는 뜻도 두루 갖고 있습니다.

　경청(傾聽)하는 태도도 대화의 예절이라고 할 수 있습니다. 어떤 생각이나 감정을 말로 표현할 때 그 내용에 귀 기울여주는 사람이 있을 때 우리는 힘을 얻지요. 아이와의 대화도 마찬가지입니다.

聽 들을 청　覺 깨달을 각　　聽 들을 청　衆 무리 중
聽 들을 청　診 볼 진　器 그릇 기　　傾 기울 경　聽 들을 청

"《사자소학》 같은 고전이 아니었다면 아이의 질문에 이렇게 정성 들여 생각할 수 있을까?"라는 한 어른 달님의 이야기에 저도 공감했습니다. 평소에는 눈앞에 처리해야 할 일 때문에 아이의 이야기에 집중 못 할 때도 있습니다. 집에서 아이와 하는 대화도 주로 '먹자, 씻자, 자자 , ~하지 마' 등의 간단한 내용으로 이루어집니다. 이런 상황에서 아이와 함께 《사자소학》을 읽고 이야기를 나누는 것은 평소에는 듣지 못했던 아이의 마음을 듣는 과정이기도 합니다.

아이에게 질문하면서 엄마, 아빠의 이야기도 들려주세요. 자신의 이야기를 솔직하게 꺼내는 부모에게 아이는 더 편안하고 자유롭게 자신의 이야기와 질문을 펼쳐 보입니다. 부모가 아이를 일방적으로 이끌어가기보다 아이의 이야기에서 어른이 배울 수 있다는 점을 꼭 기억해주세요. 아이를 가르치는 데 힘을 쏟다 보면 아이에게 배울 틈이 없어지고, 서로 쉽게 지치기 마련입니다.

듣는다는 것은 자신에게 가장 소중한 시간과 마음을 내어주는 일입니다. 《사자소학》을 함께 읽고 아이의 눈을 보면서 이야기 나눌 때도 聽(청)의 의미를 되새기게 됩니다. 가까운 가족이라는 이유로 오히려 예의를 생각하지 않을 때가 있는데 함께 인문 고전을 읽고 나누는 시간을 통해 서로에게 지켜야 할 예의를 새롭게 생각해보고 실천할 수 있습니다.

함께 즐기는 달빛서당 사자소학 놀이

1 非禮勿視비례물시 非禮勿聽비례물청, 씨앗 문장을 소리 내 읽고 손으로 써 보세요.

2 씨앗 문장에 나오는 한자 중에 궁금한 한자를 한자 사전에서 찾아보세요.

3 그 한자가 쓰인 한자어를 발견해 보아요.

4 아래 질문 등을 아이와 함께 이야기 나눠보세요.
非禮勿視비례물시 非禮勿聽비례물청, 이 문장의 내용을 어떻게 받아들였나요?
일상에서 예를 어떻게 지키고 있는지 알려주세요.
예가 아닌 것을 보거나 들은 경험이 있다면 들려주세요.

12 말과 행동의 기준

非禮勿言
비 례 물 언

非禮勿動
비 례 물 동

예가 아니면 말하지 말며
예가 아니면 움직이지 말아야 한다.

非 禮 勿 言
아닐 비　예절 예　말 물　말씀 언

非 禮 勿 動
아닐 비　예절 예　말 물　움직일 동

'非禮勿言비례물언 非禮勿動비례물동, 예가 아니면 말하지 말며, 예가 아니면 움직이지 말아야 한다'는 '非禮勿視비례물시 非禮勿聽비례물청' 다음에 이어지는 내용입니다. 이는 《논어》에도 나오는 문장입니다. 제자 안연이 인(仁)을 실천하는 구체적인 방법에 대해 여쭙자, 스승 공자는 "예가 아니면 보고 듣고 말하거나 행동하지 말아야 한다"라고 알려줍니다.

　仁(어질 인)은 人(사람 인)과 二(둘 이)가 합쳐진 글자로, 두 사람 사이에 마음이 오가는 것을 나타낸 글자입니다. 仁(인)은 '사람을 사랑하는 것', '사람을 사람답게 하는 것'이라는 뜻으로 해석할 수 있습니다. 仁(인)은 공자의 사상, 동양 철학에서 핵심 개념입니다.

사람이 사람을 사랑하는 마음은 禮(예)라는 형식으로 표현됩니다. 누군가에게 예를 갖춘 말과 행동을 하는 것 그 바탕에는 상대에 대한 사랑과 존중이 있습니다. '非禮勿言비례물언 非禮勿動비례물동'이라는 문장을 읽으며 영화 〈킹스맨〉에 나왔던 "매너가 사람을 만든다(Manners Maketh Man)"라는 유명한 대사가 생각났습니다. 예는 행동의 기준이자 인간다움을 나타내는 태도입니다.

"아이들은 자신이 하는 행동이 잘못된 행동인지 모르고 할 때가 많아요. 예의를 배울 수 있는 기회도 많이 없고 솔직히 아이들에게 예의라는 것을 어떻게 가르쳐 줘야 할지 잘 모르겠어요. 내가 어릴 때는 조부모님과 함께 살아서 부모님을 보면서 자연스럽게 예절을 익혔던 것 같은데 그것도 쉽지 않고, 이렇게 《사자소학》을 통해 예를 접할 수 있어서 반가웠어요"라는 어느 엄마의 이야기에 저도 고개가 끄덕여졌습니다. 《사자소학》에는 예의 중요성과 구체적인 지침이 많이 나옵니다.

"욕을 하면 안 돼요."

"친구를 때리면 안 돼요."

"괴롭히는 말을 하면 안 돼요."

"사람들 앞에서 트림하고 방귀 뀌면 안 돼요."

어린이 달님들은 예의가 아닌 말과 행동에 대한 자신의 기준을 들려주었습니다. 이러한 기준은 경험과 배움을 통해 생겨납니다. 예절은 장소와 시대에 따라 달라질 수 있습니다. 각 환경에서 중요하게 생각하는 예절을 알고 지켜야겠지요.

《논어》에는 예에 대한 공자의 다양한 설명이 나옵니다. 예에 대해 질문하는 제자들에게 공자는 각기 다른 대답을 들려주었습니다. 그중에 하나하나 모든 일을 묻는 것이 예라는 내용이 있어요. 어떤 곳에 가서 자기 짐작대로 행동하는 것이 아니라 지켜야 하는 질서는 무엇인지 물어보는 것도 예의 있는 행동이라 할 수 있습니다.

인간관계에서도 마찬가지입니다. 함께 생활하면서 상처 주는 말과 행동을 계속한다면 서로에게 필요한 예의를 지키지 않는 것입니다. 대화를 통해 각자 중요하게 생각하는 것을 묻고 이해한다면 예를 실천할 수 있습니다.

禮(예절 예)는 示(보일 시)와 豊(풍년 풍)이 결합한 한자입니다. 豊(풍년 풍)은 수확한 곡식을 그릇에 가득 담아 올린 모습으로 禮(예절 예)는 정성과 표현, 즉 마음과 형식을 함께 담은 글자입니다. 아이는 禮(예)를 손으로 쓰며 총획수를 세기 시작했습니다. 획수가 많은 한자를 쓰는 자신을 뿌듯하게 여기는 것 같습니다.

발도르프 교육과 관련된 책에서 수공예는 처음과 끝을 경험하는 좋은 도구라는 글을 보았습니다. 아이와 함께 복잡한 한자를 쓰는 과정도 마치 수공예를 하는 느낌이 듭니다. 한 땀 한 땀 바느질하듯이 한 획 한 획 쓰다 보면 복잡한 한자도 완성됩니다. 달빛서당에는 붓이나 붓 펜으로 한자를 쓰며 서예를 즐기는 달님들도 있습니다. 한자 필사가 명상 같이 느껴진다는 어른 달님의 이야기도 들었습니다. 필사는 눈앞의 한 글자에 집중하는 몰입감을 선물하기도 합니다.

《피로사회》의 저자는 '행복은 손을 통해 온다'고 했습니다. 많은 것이 디지털화되면서 손을 써서 하는 것이 많이 줄어들었습니다. 손가락으로 스마트폰을 터치하는 대신 오래 걸리더라도 손을 써서 가꾸는 행복이 있습니다. 디지털 시대에도 악기 연주, 요리, 뜨개질, 식물 돌보기 같이 손으로 하는 행복이 여전히 필요합니다. 필사도 마찬가지입니다. 내용을 눈으로 빠르게 보고 지나가는 것이 아니라 손으로 글자를 쓰면서 머리와 마음에 새기는 과정입니다. 필사는 문장을 체화시키고 행동으로 옮기는 데 도움을 줍니다.

영상 통화를 하고 가상 체험을 하는 오늘날에도 여전히 사람을 직접 만나 이야기하고 몸을 움직이는 시간이 중요합니다. 운동에 들어가는 動(움직일 동)을 좋아하는 어린이 달님들이 여럿 있었습니다. 운동 이름을 가지고도 한자 놀이를 할 수 있어요. 축구(蹴球), 야구(野球), 검도(劍道), 유도(柔道) 등 달님들이 하는 운동에 들어가는 한자를 알아봤습니다. 운동 이름에 들어가는 한자를 알아감으로써 그 운동의 특징을 이해할 수 있습니다. 달빛서당에는 만화 '신비아파트'의 캐릭터 이름이나 그룹 아이브의 노래 가사에 있는

蹴 찰축 球 공구   野 들야 球 공구
劍 칼검 道 길도   柔 부드러울유 道 길도

한자를 찾아보는 달님도 있습니다. 관심 있는 주제와 한자를 연결해 보는 것을 적극 추천합니다.

 **사자소학 놀이**

1 非禮勿言비례물언 非禮勿動비례물동, 씨앗 문장을 소리 내 읽고 손으로 써 보세요.

2 씨앗 문장에 나오는 한자 중에 궁금한 한자를 한자 사전에서 찾아보세요.

3 그 한자가 쓰인 한자어를 발견해 보아요.

4 아래 질문 등을 아이와 함께 이야기 나눠보세요.

   非禮勿言비례물언 非禮勿動비례물동, 이 문장의 내용을 어떻게 받아들였나요?

   예가 아닌 말과 행동에는 어떤 것이 있나요?

   예가 아닌 것을 말하거나 행동한 적이 있나요?

13 강요하지 말아 줘

己 所 不 欲
기   소   불   욕

勿 施 於 人
물   시   어   인

자기가 하고 싶지 않은 것을
남에게 베풀지 말라.

己 所 不 欲
몸 기   바 소   아닐 불   하고자 할 욕

勿 施 於 人
말 물   베풀 시   어조사 어   사람 인

'己所不欲기소불욕 勿施於人물시어인, 자신이 하고 싶지 않은 것을 남에게 베풀지 말라'라는 문장 역시 《논어》에 나오는 말입니다. "仁(인)은 무엇인가요"라고 묻는 제자 중궁의 질문을 듣고 공자가 답한 내용 중에 '己所不欲기소불욕 勿施於人물시어인'이 있습니다. 타인의 마음과 상황에 대해 깊이 생각해볼 수 있는 문장입니다. 《논어》에서 인상적으로 읽었던 이 문장을 《사자소학》에서 다시 만나 아이들과도 함께 나눌 수 있어서 반가웠습니다.

앞 장에서 말한 대로, 仁(인)은 '사람을 사랑하는 것', '사람을 사람답게 하는 것'이라는 뜻입니다. 자신이 하고 싶지 않은 것을 남에게 베풀지 않는 것도 상대에 대한 사랑과 존중입니다. 아이와의 관계에서 仁(인)을 실천한다면 성인(聖人)이 될 것 같다는 한 달님의 글을 읽으며 부모는 일상에서도 성인이 될 기회를 누린다는 생각이 들었습니다. 그 반대가 되고 싶지 않아서 이렇게 인문 고전을 읽고 사색하는 것이겠지요.

"네가 싫어하는 일은 아무에게도 하지 마라.", "남이 너희에게 해주기를 바라는 그대로 너희도 남에게 해주어라." 이는 성경에 나오는 문장으로 '己所不欲기소불욕 勿施於人물시어인'의 의미와도 닿아 있습니다. 동서양에서 이야기하는 사랑의 실천에서 공통점을 발견할 수 있습니다. 특정 지역이나 시대의 한계를 뛰어넘는 관점과 통찰, 즉 본질이지요. 인문 고전 독서는 본질에 가까워지는 과정입니다.

'己所不欲기소불욕 勿施於人물시어인'에서 己(기)는 자신, 人(인)은 타인을 말합니다. 가족, 친구 등과 함께 지내며 내가 하고 싶지 않은 것을 남에게 강요할 때가 있습니다. 내가 하기 싫거나 귀찮은 일을 남에게 시킨 경험에 대해 어린이 달님들과 이야기 나눠보

聖 성스러울 성 人 사람 인

았습니다.

　　"친구에게 정리를 맡겼어요."
　　"저는 그런 적이 없어요."
　　"동생한테 시켜요."
　　"엄마에게 다 먹은 아이스크림 봉지를 줬어요."

　아직 못하는 부분에 대해서 어른들이 도와줘야 한다는 어린이들의 의견이 있었습니다. '어린이가 못하는 것을 도와주고 스스로 해낼 수 있다는 것을 알려주는 사람'으로 부모의 역할을 설명한 어른 달님의 이야기도 있었습니다.

　'己所不欲기소불욕 勿施於人물시어인'은 자신(己)과 남(人)을 독립된 존재로 인정하는 것부터 시작이라는 생각이 들었습니다. 하지만 부모와 아이의 관계는 조금 더 복잡해 보입니다. 내가 아닌 존재이지만 어른이 되어 독립하기 전까지 부모는 아이를 돌보고 보호합니다. 이 과정에서 아이와 부모가 서로 다른 바람(欲)을 가질 수도 있습니다. 엄마, 아빠, 아이가 어떤 바람(欲)을 가지고 있는지 평소 대화를 통해 알아가는 것이 필요합니다.

아이가 커갈수록 자신이 하고 싶은 것이 뚜렷해지기도 합니다. 아이와 내 욕망이 달라 충돌할 수도 있지요. 내 욕망을 아이에게 투사할 때도 있습니다. 아무리 부모와 자식의 관계라 하더라도 하기 싫은 것이나 자신이 원하는 바를 강요하는 사람을 계속 사랑하기는 어렵습니다. 그때도 '己所不欲기소불욕 勿施於人물시어인'을 되새겨 볼 수 있습니다.

'己所不欲기소불욕 勿施於人물시어인'에서 욕을 보고 '욕하다'를 떠올린 어린이 달님들이 여럿 있었습니다. "왜 나쁜 말(욕)이 들어가요?" 여기에 쓰인 욕은 나쁜 말 할 때 욕(辱)이 아니라 하고 싶은 마음(欲)이라고 아이와 대화를 나누었다는 한 엄마는 아이가 앞으로 한 번이라도 '욕'이라는 단어를 듣고 '나쁜 말'이 아닌 '하고자 하는 마음'을 떠올려준다면 기쁘겠다고 이야기한 적이 있습니다. 그 말을 들으면서 같은 마음을 느꼈습니다.

한자와 친해지면 다양한 질문과 선택의 여지가 생깁니다. 기소불욕己所不欲을 보고 '여기 왜 나쁜 말(욕)이 쓰였지?'라는 질문은, 바로 알고 싶은 마음으로 이어집니다. 欲(하고자 할 욕)은 욕구(欲求), 욕망(欲望)에도 쓰이는 한자입니다. 우리말의 정확한 의미를 알기 위해서는 그 안에 쓰인 한자가 무엇인지 알아가는 과정이 필요하다는 것을 아이들은 경험적으로 깨닫게 됩니다.

한자를 알면 뜻을 정확하게 이해하는 데 도움이 됩니다. 메가스터디의 손주은 회장은 "공부는 개념입니다. 개념을 이해하는 것이 가장 중요합니다. 개념의 핵심은 용어 속에 있습니다. 용어에 쓰인 한자를 알아야 개념을 알 수 있고 개념을 알아야 공부를 잘할 수 있습니다"라고 이야기한 바 있습니다.

한문으로 된 인문 고전을 읽는 것은 개념 이해를 돕는 한자와 더불어 행복하게 사는데 필요한 인성 공부를 할 수 있는 기회입니다. 또한, 꼭 필요한 공부를 함으로써 교육에 대한 막연한 불안함과 그로 인한 과도한 사교육비 부담을 줄일 수 있습니다.

欲 하고자 할 욕 求 구할 구   欲 하고자 할 욕 望 바랄 망

동물행동학자 최재천 박사는 "알면 사랑한다"라고 말합니다. 기존에 내가 알고 있던 사고의 틀에서 벗어나 어떤 말이나 누군가를 이해하려고 하는 공부는 사랑하는 마음과 이어집니다. 공부의 본질이 사랑과 닿아 있다는 것을 아이와 함께 이야기하고 느낄 수 있기를 바랍니다.

함께 즐기는 달빛서당 사자소학 놀이

1 己所不欲기소불욕 勿施於人물시어인, 씨앗 문장을 소리 내 읽고 손으로 써 보세요.

2 씨앗 문장에 나오는 한자 중에 궁금한 한자를 한자 사전에서 찾아보세요.

3 그 한자가 쓰인 한자어를 발견해 보아요.

4 아래 질문 등을 아이와 함께 이야기 나눠보세요.

己所不欲기소불욕 勿施於人물시어인, 이 문장의 내용을 어떻게 받아들였나요?

자기가 하고 싶지 않은 것을 남에게 시킨 적이 있나요?

내가 하고 싶지 않은 것을 누가 시킨다면 어떨 것 같나요?

14 나를 돌보는 것부터 시작

修身齊家

수　신　제　가

治國之本

치　국　지　본

자기 몸을 닦고 집안을 가지런히 하는 것은
나라를 다스리는 근본이다.

修　身　齊　家

닦을 수　몸 신　가지런할 제　집 가

治　國　之　本

다스릴 치　나라 국　어조사 지　근본 본

이번 씨앗 문장은 '修身齊家수신제가 治國之本치국지본'입니다. '자기 몸을 닦고 집안을 가지런히 하는 것이 나라를 다스리는 근본이다'라는 말을 살면서 몇 차례 들어보시지 않았나요? 이 문장은 유교 경전인 《대학》에 나오는 '修身齊家治國平天下수신제가치국평천하, 먼저 자기 몸을 바르게 가다듬은 후 가정을 돌보고 그 후 나라를 다스리며 그런 다음 천하를 경영해야 한다'와 닮아 있어요. 《사자소학》의 토대가 되었던 《소학》 자체가 여러 유명한 유교 경전에서 좋은 글을 뽑은 내용이기 때문입니다.

　《사자소학》은 《소학》을 어린 학동들이 읽고 외우기 쉽게 네 글자씩으로 재구성한 문장입니다. 그래서 《사자소학》은 어린이뿐만 아니라 동양 고전을 기초부터 접하고 싶은 사람에게 좋은 교재가 됩니다.

'修身齊家수신제가 治國之本치국지본'에서 먼저 해야 할 것이 앞에 나와 있습니다. 수신(修身)의 사전적 의미는 마음을 착하게 하고 생활을 바르게 하기 위해 마음과 몸을 닦음입니다. 마음과 몸을 닦는다는 것은 자신을 돌보다, 관리하다 등 여러 가지로 해석될 수 있어요.

'修身齊家治國수신제가치국' 다스리는 대상은 다르지만 修(수), 齊(제), 治(치) 모두 정성과 시간을 들여 생명력을 유지하는 행위입니다. 修(닦을 수)는 수리(修理), 수정(修正)에도 쓰이는 글자로 대학 입학을 위해 보는 '대학수학능력시험'에도 들어갑니다. 우리가 흔히 수능이라고 부르는 이 시험은 대학 교육에 필요한 수학(修學) 능력, 즉 대학에서 학문을 갈고 닦을 수 있는지에 대한 능력을 평가하는 시험입니다.

어린이 달님들이 생각하는 수신의 방법을 들어보았습니다.

修 닦을 수 理 다스릴 리   修 닦을 수 正 바를 정

修 닦을 수 學 배울 학

---

14 나를 돌보는 것부터 시작 135

"깨끗하게 몸을 씻어요."

"방을 청소해요."

"정리를 잘해요."

"골고루 밥을 잘 먹어요."

"잠을 푹 자요."

아이들은 이미 수신을 위한 방법을 알고 있다는 생각이 들었습니다. 어린이들이 알려주는 구체적인 방법만 잘 따라도 수신은 멀지 않은 것 같습니다.

身(신)은 자신(自身), 신체(身體)에도 들어가는 한자로 몸을 가리킵니다. 이 글자는 아기를 가져 배가 불룩한 모습을 본뜬 것으로 '아이를 배다'는 뜻이 몸을 뜻하는 것으로 확대 사용되었다고 합니다.

어른 달님들은 '修身齊家수신제가 治國之本치국지본'이라는 씨앗 문장 내용에 크게 공감을 했습니다. 가정을 이루고 부모가 되면 집안을 잘 다스리는 제가(齊家)에 대한 생각을 하게 됩니다. 가

自 스스로자　身 몸신　　身 몸신　體 몸체

족이 함께 살아가기 위해서는 여러 가지 노력이 필요합니다. 함께 머무는 공간이 있어야 하고, 그 공간을 청소하고 음식을 만들고 치우는 가사가 있습니다. 집안을 잘 다스린다는 것은 돈을 벌어 생계를 책임진다는 의미 외에도 생명을 살리는 살림과 돌봄을 모두 포함합니다.

제가의 역할을 맡으면서 수신의 중요성을 더 크게 느끼기도 합니다. 일하고 아이를 키우며 나 자신이 사라지지 않게 스스로 지키고 돌보는 것도 수신이라는 생각을 합니다. 우선 내 몸과 마음을 잘 돌보지 않으면 가족 돌봄도 어렵습니다. 자신의 태도를 변화의 시작점으로 삼는 것이 자신을 사랑하는 방법이자 동양 고전에서 배우고 실천할 수 있는 지혜라고 생각합니다.

'修身齊家수신제가'를 경험하고 있는 어른 달님은 "머리로 아는 것이 삶이 될 때, 삶은 자연스럽게 풍요로워진다"라는 이야기를 나눠주었습니다.

몸을 닦는 것과 나라를 다스리는 일이 무슨 상관이냐고 묻는 어린이도 있었습니다.

"자신의 할 일을 잘하고 몸과 마음이 깨끗한 사람이 나라도 다스리는 훌륭한 사람이 될 수 있지. 씻지도 않고 자기 방도 더러운 사람이 어떻게 수많은 사람과 큰 나라를 다스릴 수 있겠어?"라는 엄마의 말에 고개를 끄덕였다고 합니다.

'자신과 가정을 잘 돌보지 못하는 사람이 나라를 다스리게 되면 어떻게 될까?' 하는 물음도 어린이 달님들과 함께 나누어 보았습니다.

"엉뚱해져요."
"나라가 불안해져요."
"전쟁이 일어나요."

리더는 솔선수범해야 하는 사람인데 '수신제가修身齊家'를 잘못하면 그 사람을 따르는 사람들도 그렇게 될 것 같다는 의견도 있었습니다. 治國(치국) 즉, 나라를 다스리는 것은 리더가 되는 것입니다. 그 사람의 말과 행동이 다른 사람에게 많은 영향을 미치게 됩니다. 하버드 대학을 비롯한 명문 대학에서는 리더십을 강조합니다. 많은 사람을 이끄는 리더가 되는 것은 자신과 자신이 속한 가정을 잘 다스리는 것부터 시작입니다.

'治國之本치국지본, 나라를 다스리는 근본이다'라는 풀이를 읽고 아이는 근본의 뜻을 물어왔습니다. 한자와 한문에 대한 해석에도 한자어가 나올 때가 있습니다. 그럴 때는 한자를 하나씩 풀어가는 것이 좋습니다. 한자어로 된 글이 여러 개 줄기로 뻗어가는 나무라면, 한자로 접근하는 것은 뿌리를 알아가는 것입니다. 근본(根本)에 쓰인 根(근)과 本(본)은 모두 뿌리라는 뜻을 가진 한자로 木(나무 목)이 들어갑니다. 근본을 궁금해하는 아이와 本(본)을 써 보며 한자의 유래를 함께 찾아보았습니다.

本(본)은 木(나무 목)과 一(한 일)이 합쳐진 글자인데 여기서 一(일)은 '하나'를 뜻하는 글자가 아니라 나무의 뿌리 위치를 가리키는 부호입니다. 本(본)처럼 이미 만들어진 상형문자에 선이나 점을 찍어 추상적인 뜻을 표현하는 것을 지사문자라고 합니다. 한자가 어떻게 만들어졌는지를 따라가다 보면 추상적이어서 이해하기 어려운 근본 같은 단어도 나무의 뿌리라는 이미지로 기억될 수 있습니다. 새로운 것을 마음속으로 그려보는 힘, 상상력의 기초가 다져지는 과정입니다.

이어령 선생님께서 어린이들을 위해 쓰신 책《생각이 뛰어노는 한자》에는 한자에 동양 문화의 역사가 담겨있어 한자가 처음에 어떤 모양이었고 어떻게 바뀌었는지 알면 자연스레 동양 문화의 뿌리를 깨닫게 된다는 내용이 나옵니다. 내가 속한 문화의 뿌리를 아는 것은 자신의 사고방식을 알아가는 데 도움을 줍니다. 평생 탐구해야 할 자신을 알아가는 도구로도 한자는 유용합니다.

1 修身齊家수신제가 治國之本치국지본, 씨앗 문장을 소리 내 읽고 손으로 써 보세요.

2 씨앗 문장에 나오는 한자 중에 궁금한 한자를 한자 사전에서 찾아보세요.

3 그 한자가 쓰인 한자어를 발견해 보아요.

4 아래 질문 등을 아이와 함께 이야기 나눠보세요.

修身齊家수신제가 治國之本치국지본, 이 문장의 내용을 어떻게 받아들였나요?

수신은 어떻게 하는 것일까요?

자신의 일상에서 근본, 뿌리처럼 중요한 시간이 있다면 무엇인가요?

15 집안을 일으키다

讀 書 勤 儉
독 서 근 검

起 家 之 本
기 가 지 본

책을 읽으며 부지런하고 검소함은
집안을 일으키는 근본이다.

讀 書 勤 儉
읽을 독 글 서 부지런할 근 검소할 검

起 家 之 本
일어날 기 집 가 어조사 지 근본 본

'修身齊家수신제가 治國之本치국지본' 다음으로 이어지는 문
장은 '讀書勤儉독서근검 起家之本기가지본, 책을 읽으며 부지런하
고 검소함은 집안을 일으키는 근본이다'입니다.

　지금의 부모도 선조와 마찬가지로 독서와 근검을 중요하게 생
각합니다. 그 이유는 독서와 근검이 반드시 집안을 일으키는 근본
이라고 여기기 때문이라기보다 삶을 살아가는 데 있어서 필요한
습관이자 태도이기 때문입니다.

　'讀書勤儉독서근검 起家之本기가지본'에 대해 "책이 넘쳐나지
만, 미디어 노출에 훨씬 많은 시간을 빼앗기고 있고 풍족한 먹을거
리와 편안하고 안락한 삶 속에서 '독서근검'을 가르치기 쉽지 않겠

다"라는 어른 달님의 이야기도 있었습니다.

독서에 쓰이는 한자 讀(읽을 독)에는 言(말씀 언)이 들어갑니다. 원래 讀(독)은 '말을 외우다'라는 뜻을 나타내기 위해 쓰였던 글자라고 합니다. 책이 없었던 옛날에는 선생님의 말씀을 듣고 외울 수밖에 없었습니다. 책이 만들어진 이후로는 한자 讀(독)의 뜻이 '말을 외우다'에서 '읽다'로 바뀌었습니다.

책이 생긴 초기에는 책이 귀해서 책 한 권이 있으면 소리 내서 읽어 주변의 사람들과 그 내용을 공유했다고 합니다. 옛날 서당에서도 한문을 소리 내서 읽고 외우는 방법을 취했지요. 예전만큼 책이 귀하지는 않지만, 달빛서당에서는 함께 소리 내서 문장을 읽고 외우기도 합니다. 함께 읽기와 암송은 한 권의 책을 넓고 깊게 읽을 수 있게 도와줍니다.

독서의 좋은 전통은 이어나가는 것이 유익합니다. 《사자소학》원문은 일주일에 8글자 정도씩 적은 양을 외어도 좋습니다. 아이가 암송을 싫어한다면 소리 내서 여러 번 반복해 읽으면 됩니다. 읽을 때 노래처럼 리듬을 붙이는 방법도 문장을 익히는 데 효과적입니다.

'讀書勤儉 독서근검'에 나오는 勤(부지런할 근)은 출근(出勤), 근무(勤務), 개근(皆勤) 등의 한자어에도 쓰입니다. 勤(근)은 원래 '일하다'라는 뜻을 나타내기 위한 글자였다고 합니다. 일은 힘이 들기 때문에, 한자 勤(근)에는 力(힘 력)이 들어있습니다. 《최재천의 공부》에는 독서는 일처럼 하는 거라는 내용이 나옵니다. 독서를 일처럼 하면서 지식의 영토를 넓혀가는 것입니다.

100세 시대에 사람은 계속해서 배워나가야 하고 디지털 시대에도 책은 지식의 매개로써 여전히 중요합니다. 어떤 책을 어떻게 읽을 것인가에서 시대를 초월하는 통찰을 담고 있는 인문 고전 읽기를 추천합니다. 전공자가 아니라면 라틴어나 그리스어로 된 서양 고전을 읽는 게 불가능할 수 있습니다. 하지만 일상에서 항상 함께하는 한자로 된 동양 고전 읽기는 충분히 도전해볼 수 있습니다.

'아이가 읽기에는 너무 어렵지 않을까?' 하시는 분도 있을 것 같습니다. 아직 한자에 대해 많이 어렵다는 편견이 없는 아이들은 《사자소학》 같은 인문 고전을 이야기로 받아들일 수 있습니다. 원

出 날 출   勤 부지런할 근   勤 부지런할 근   務 일 무
皆 다 개   勤 부지런할 근

어로 읽으면 내용을 곱씹어 생각해보는 과정이 밑거름이 되어 창의성이라는 싹이 자랄 수 있습니다.

한자 공부는 독서에도 도움이 됩니다. 달빛서당을 찾은 부모들도 아이의 독서와 한자를 연결 짓습니다. "아이가 부쩍 한자 어휘를 많이 물어봐요. 한자뿐 아니라 함께하는 독서와 공부의 즐거움을 느끼게 해주고 싶어요", "그림책과 학습만화를 주로 읽는 아이가 스토리가 있는 줄글 책을 읽을 수 있도록 읽기 단계를 높여주고 싶은데 글이 많은 책을 읽다 보면 모르는 단어가 나와 어려워할 때가 있어요. 모르는 단어가 대부분 한자어여서 한자를 재밌게 익히면 책도 더 많이 읽을 수 있을 것이라 기대합니다"라는 이야기를 여러 번 들었습니다.

한자를 익혀 어휘량이 풍부해지면 다양한 책을 읽고 이해할 수 있습니다. 독서는 말하기와 글쓰기, 공부 머리와도 이어집니다. 우선 읽은 책 내용을 실마리로 해서 하고 싶은 말, 쓰고 싶은 글이 생겨날 수 있습니다. 한 권의 책을 읽고 이야기를 나누는 독서 모임에서는 사람마다 인상 깊은 문장과 해석이 다를 수 있다는 것을 알아가며 관점이 다양해지는 기회를 얻습니다. 함께 읽기의 유익함이지요. 책을 읽는다는 것은 다른 사람의 생각을 알게 되는 것과 동시에 자기 생각과 마음도 알 수 있게 도와줍니다.

김소영 독서 교육 전문가는 아이들이 책 읽기의 재미에 흠뻑 빠지게 되는 비결로 '말하기 독서법'을 이야기합니다. 책을 읽고 아이가 가장 즐겁게 할 수 있고 실제로 도움이 되는 활동으로 말하기를 추천하는 것입니다. 《사자소학》을 읽을 때도 씨앗 문장 내용과 느낌, 생각을 이야기하면서 스스로 재미를 알게 할 수 있습니다.

"어조사 지(之)가 진짜 많이 나오네요."

씨앗 문장에 나온 之(지)를 보고 한 어린이 달님이 말했습니다. 아이의 발견이자 느낌, 생각의 씨앗이지요. '讀書勤儉독서근검 起家之本기가지본' 여기서 之(지)는 앞에 나온 起家(기가)와 뒤에 나온 本(본)을 이어 '집안을 일으키는 (것의) 근본이다'로 해석됩니다.

家(집 가)는 집이라는 공간 외에도 가족, 어떤 분야에서 뛰어난 사람이라는 뜻도 갖고 있습니다. 家(가)는 흥미롭게도 宀(집 면)과 豕(돼지 시)가 결합한 모습입니다. 이는 고대 중국에서 집집마다 돼지를 기르던 풍습과 관련 있습니다. 이러한 집의 모습과 대가족이 함께 살던 가족의 형태는 세월에 따라 많이 달라졌습니다.

씨앗 문장을 통해 과거의 집과 현재의 집의 모습을 비교해 보고 집안을 일으키는 것의 의미와 방법에 대해서도 아이와 다양하게 의견을 나눠볼 수 있습니다. 누군가에게는 공부를 열심히 하는 것이, 누군가에게는 운동을 꾸준히 하거나 그림을 그리는 것이 스스로 생각하는 집안을 일으키는 방법일 수 있습니다. 《사자소학》 씨앗 문장을 통해서 가족 구성원이 서로의 꿈과 닿고 싶은 방향에 대해 이야기 나누고 응원할 수 있으면 좋겠습니다.

1 **讀書勤儉**독서근검 **起家之本**기가지본, 씨앗 문장을 소리 내 읽고 손으로 써 보세요.

2 씨앗 문장에 나오는 한자 중에 궁금한 한자를 한자 사전에서 찾아보세요.

3 그 한자가 쓰인 한자어를 발견해 보아요.

4 아래 질문 등을 아이와 함께 이야기 나눠보세요.

讀書勤儉독서근검 **起家之本**기가지본, 이 문장의 내용을 어떻게 받아들였나요?

독서는 어떻게 하는 게 좋다고 생각하나요?

근검의 방법은 무엇이 있을까요?

가족을 위해 할 수 있는 것은 무엇이 있나요?

問 **한글은 조선시대 세종대왕이 만들었는데 한자는 누가 언제 만들었나요?**

答 한자의 역사는 확인된 것 만으로도 3,000년이 넘어요. 이렇게 긴 시간 동안 계속 사용되고 있는 문자는 한자뿐입니다. 한자는 한글과 달리 만든 사람과 시기를 정확하게 알 수 없어요. 한자는 여러 사람에 의해 긴 세월에 걸쳐 만들어졌다고 보고 있습니다.

황제의 업적을 기록하던 사관 창힐이 한자를 만들었다는 신화도 있지만, 한자의 기초가 언제 어떻게 생겨났는지 보여주는 실마리는 기원전 1,500년 무렵 은나라 때 생겨난 갑골문자입니다. 갑골문(甲骨文)이라는 명칭은 '거북과 짐승의 뼈에 새긴 글자'라는 뜻을 가지고 있어요. 뼈에 새겨진 글자에는 하늘에 제사를 지내고 운수를 적어 놓은 점괘가 적혀 있었다고 해요. 갑골문자의 발견은 동양 문명의 역사가 천년 넘게 앞당겨지는 사건이었어요. 한자는 갑골문자에서 시작하여 그 뜻과 모양이 조금씩 달라지면서 아시아 전역에서 오랫동안 폭넓게 쓰이고 있어요.

問 **금문, 소전, 예서, 해서는 뭔가요?**

答 한자의 모양은 처음부터 고정된 것이 아니라 시간을 거쳐 변해왔어요. 같은 한자라도 시대순으로 금문, 소전, 해서 등 다른 모양이 나타나는

경우가 있는데 이를 통해 한자가 거쳐온 변천사를 이해할 수 있어요.

갑골문과 함께 한자의 원형을 찾을 수 있는 또 하나의 서체인 금문(金文)은 청동기에 주조한 글자입니다. 고대 중국에서는 청동을 금(金)이라 했기 때문에 여기 주조한 글자를 금문이라 불렀어요. 금문은 칼로 새긴 갑골문에 비해 획이 굵은 편이에요. 소전(小篆)은 중국 역사상 최초의 공식 규범 문자라고 할 수 있어요. 소전은 공식적인 규범 문자였으므로 황제의 조칙과 같은 문서는 소전으로 작성했지만 많은 문서를 빨리 처리하기 위해서는 보다 간략한 글자체가 필요했고, 비공식적으로 사용되기 시작한 글자체가 예서(隷書)입니다. 오늘날 한자의 필 획에 등장하는 가로획, 세로획, 삐침, 점, 파임 등의 체계가 이때 이루어졌다고 해요. 해서(楷書)는 예서에서 좀 더 변화한 것으로 해(楷)는 '본보기'라는 뜻을 가져요. 해서는 2,000년 가까이 큰 변화 없이 오늘까지 표준적인 서체로 통용되고 있어요.

四.
습관

四.
습관

16 글 쓰는 습관

始 習 文 字
시 습 문 자

字 畫 楷 正
자 획 해 정

처음 문자를 익힐 때는
글자의 획을 바르게 써라.

始 習 文 字
비로소 시   익힐 습   글월 문   글자 자

字 畫 楷 正
글자 자   그을 획   본보기 해   바를 정

글씨를 읽을지도 모르고 쓸 줄도 몰랐던 아이가 어느새 책을 읽고 편지도 써서 줍니다. "말과 글은 어떻게 시작된 것일까?" 우리는 아이를 키우면서 예전에는 해보지 못한 근원적인 질문이 생기는 경우가 있습니다.

보이거나 들리지 않는 내면의 생각과 감정을 표현해 타인과 소통하는 것은 사람의 생존 능력과 행복에 연결됩니다. 말은 즉각적인 쌍방향 소통에 유리하고 글로 남겨진 이야기는 여러 사람에게 오랫동안 공유될 수 있습니다. 모국어뿐 아니라 외국어의 학습 단계도 듣고 말하기 다음에 읽고 쓰기가 이어집니다.

《사자소학》에도 글쓰기에 대한 이야기가 나옵니다. 바로 '始習

文字시습문자 字畫楷正자획해정'입니다. 글쓰기 습관에 대해 아이와 함께 생각해보고 이야기 나누기 좋은 문장입니다.

'始習文字시습문자'에 쓰인 始(비로소 시)는 '시작하다, 일으키다'는 뜻을 가집니다. 시작(始作), 시동(始動), 원시(原始)에도 쓰이는 한자입니다.

"왜 여자 여(女)가 들어가요?"

始(시)를 쓰면서 한 어린이 달님이 질문했습니다. 아이와 함께 한자 사전에서 始(시)를 찾아보며 누구나 여자(어머니)를 통해서 비로소 삶이 시작됨에서 나온 글자라는 풀이를 함께 읽고 고개를 끄덕였습니다.

始(시) 다음에 쓰인 習(습)은 '익히다, 배우다'라는 뜻을 가진 한자입니다. 모양이 날개 같다는 아이의 말처럼 習(습)에 포함된 羽(우)는 '날개'라는 뜻도 있습니다. 習(습)의 갑골문을 보면 白(흰 백)이 아닌 日(날 일)에 羽(우)가 그려져 있었다고 합니다. 어린 새가

始 비로소 **시** 作 지을 **작**　　始 비로소 **시** 動 움직일 **동**
原 근원 **원** 始 비로소 **시**

하늘을 나는 법을 익히려면 날마다 수없이 많은 날갯짓을 해야 합니다. 무언가를 배우고 익히기 위해서는 노력과 시간이 필요하다는 이야기와 그 이미지가 習(습)이라는 글자에 모두 담겨 있습니다. 한자 習(습)은 습관(習慣), 습득(習得), 연습(練習) 등의 한자어에 쓰입니다.

글자를 익히는 것도 수없이 많은 날갯짓으로 하늘을 높이 날 수 있는 과정과 마찬가지입니다. 그렇다면 글자를 처음 익힐 때는 어떻게 하는 것이 좋을까요? 《사자소학》에서 알려주는 팁은 글자의 획을 바르게 쓰는 것입니다.

저는 '始習文字시습문자 字畫楷正자획해정'을 읽고 아이의 한글 쓰기가 생각났습니다. 처음 문자를 익힐 때 글자의 획을 바르게 쓰는 것의 중요함은 한글, 한자, 영어 등의 문자에도 대체로 해당됩니다.

아이들은 한글, 한자를 처음 쓸 때 그림을 그리듯이 순서와 상관없이 획을 마음대로 긋기도 합니다. 이럴 때 고민이 됩니다. '어

習 익힐 습　慣 버릇 관　　習 익힐 습　得 얻을 득

練 익힐 연　習 익힐 습

디까지 간섭을 해야 하나, 행여 순서대로 획을 쓰는 것까지 이야기하다 지금처럼 글자에 갖는 흥미가 떨어지는 것은 아닐까?' 하는 생각도 들었습니다. 그러다 순서대로 획 쓰기가 정확한 글자 쓰기와 연결된다는 것을 발견하면서 획순을 일부러 아이와 찾아보고 획순대로 따라 쓰려고 노력하고 있습니다.

'始習文字시습문자 字畫楷正자획해정' 씨앗 문장에서도 처음, 시작(始)이 나오듯이 한번 들인 습관은 고치기 어렵습니다. 그렇기 때문에 잘못된 습관이 몸에 배기 전에 처음부터 획의 기본 원칙을 알아서 실천해보는 것이 좋습니다.

예를 들어, 한자를 쓸 때 주의해야 할 획순은 크게 다음과 같습니다. 위에서부터 아래로 쓰기, 왼쪽에서 오른쪽으로 쓰기, 좌우 대칭형은 가운데 획을 먼저 쓰기, 바깥의 획을 먼저 쓰고 안의 획은 나중에 쓰기, 글자 전체를 관통하는 세로획은 마지막에 쓰는 원칙입니다. 기본 획순을 생각하고 한자를 많이 써 보면 한자 쓰기가 익숙해질 수 있습니다. 여기서 중요한 것은 어린 새가 날갯짓하는 것처럼 반복하는 과정입니다.

반복하려면 스스로 그 시간에 대한 의미와 재미를 느낄 수 있어야 합니다. 아이들도 글자를 정확하게 써서 글로도 사람들과 소통하고 싶은 생각이 있기 때문에 정성을 들이고 집중하는 태도로 글자를 쓰려고 시도하게 됩니다.

'字畫楷正자획해정'에 쓰인 畫(획)은 화가(畫家), 인물화(人物畫)처럼 그림이라는 뜻으로 쓰일 때는 '화'로 읽고, '긋다'라는 뜻을 가질 때는 기획(企畫), 계획(計畫)과 같이 '획'으로 읽습니다. 한 획한 획 써 내려간 글자가 모여 문장을 만듭니다. 아이와 함께《사자소학》씨앗 문장을 읽고 서로의 생각과 감정을 나누며 글쓰기도 연습할 수 있습니다.

《사자소학》은 풍부한 생각거리를 담고 있고 이는 쓸거리로 이어집니다. 씨앗 문장 하나하나가 일상생활과 연결된 글쓰기 주제라고 볼 수 있습니다. 쓸거리가 생기면 글쓰기와도 친해질 수 있습니다. 글쓰기는 생각의 근육을 키울 수 있는 효과적인 방법입니다.

《사자소학》을 읽고 씨앗 문장에 대한 생각을 이야기해보고 몇

畫 그림화　家 집가　　人 사람인　物 물건물　畫 그림화
企 꾀할기　畫 그을획　　計 꾀계　畫 그을획

줄로 기록하는 습관을 아이가 가질 수 있도록 도와주는 것이 필요합니다. 한두 줄이라도 좋습니다. 반복을 통해 처음에는 어려워했던 글쓰기에도 익숙해질 수 있습니다. 날갯짓을 통해 필요한 기술을 익힌다는 한자 習(습)의 의미를 몸으로 깨닫고 생각의 크기도 넓히는 과정이 될 것입니다.

 **사자소학 놀이**

1 始習文字시습문자 字畫楷正자획해정, 씨앗 문장을 소리 내 읽고 손으로 써 보세요.

2 씨앗 문장에 나오는 한자 중에 궁금한 한자를 한자 사전에서 찾아보세요.

3 그 한자가 쓰인 한자어를 발견해 보아요.

4 아래 질문 등을 아이와 함께 이야기 나눠보세요.

始習文字시습문자 字畫楷正자획해정, 이 문장의 내용을 어떻게 받아들였나요?

글자를 처음 익힐 때 어떻게 하는 것이 좋은가요?

어떤 글자를 보면 기분이 좋아지나요? 그 이유는 무엇인가요?

글자를 쓸 때 신경 쓰는 부분이 있나요? 그 이유는 무엇인가요?

17 정리의 힘

書冊狼藉
서 책 낭 자

每必整頓
매 필 정 돈

서책이 함부로 깔려 있거든
매번 반드시 정돈하라.

書 글 서
冊 책 책
狼 어수선할 랑
藉 깔 자

每 매양 매
必 반드시 필
整 가지런할 정
頓 조아릴 돈

　'書冊狼藉서책낭자 每必整頓매필정돈'은 앞에서 함께 읽어본 문장 '始習文字시습문자 字畫楷正자획해정, 처음 문자를 익힐 때는 글자의 획을 바르게 써라' 다음으로 이어지는 내용입니다. 이 문장을 통해서 아이와 함께 습관에 대한 생각을 이야기 나눌 수 있습니다.

　書(글 서)와 冊(책 책)이 만나 이루어진 한자어 서책(書冊)은 글, 그림으로 나타낸 종이를 일정한 순서에 따라 꿰어 표지를 붙인 물건입니다. 書(책 서)에 포함된 聿(붓 율)은 붓을 잡고있는 모양이고 아래의 日(가로 왈)은 먹물이 담긴 벼루의 모양에서 변화된 것으로 '글을 쓰다'라는 본뜻에서 출발한 글자입니다. 書(글 서)는 독

讀 읽을 **독**　書 책 **서**　　書 책 **서** 堂 집 **당**

서(讀書), 서당(書堂)에도 들어갑니다.

아이에게 책(冊)이란 한자가 책의 모양을 본뜬 것이라고 설명했습니다. 아이는 책상 위에 놓여 있는 책 한 권을 들고 보더니 "한자 冊(책 책)과 안 닮았어요"라고 말합니다. 그도 그럴 것이 冊(책)은 죽간을 말아놓은 모습을 그린 것이기 때문입니다.

죽간은 중국에서 종이가 발명되기 전에 글자를 기록하던 대나무 조각. 또는 대나무 조각을 엮어서 만든 책입니다. 冊(책)을 통해 오늘날 종이로 만들어진 책의 모습과 다른, 옛날 책의 모습도 떠올려볼 수 있지요. 긴 역사를 지닌 한자를 알아가면서 우리가 속한 문화의 옛날 모습도 함께 알 수 있다는 것 또한 배움이 주는 기쁨입니다. 한자로 하는 시간 여행이기도 하고요.

'書冊狼藉서책낭자, 서책이 함부로 깔려 있다'에 쓰인 낭자(狼藉)의 한자는 낯설어 보일 수 있지만 '소리가 낭자하다', '피가 낭자하다' 등의 말에서 형용사로 쓰이는 단어입니다. 여기저기 흩어져 어지럽거나 왁자지껄하고 시끄러운 상태를 나타냅니다. 낭자(狼

藉)는 뒤에 나오는 '*每必整頓*매필정돈, 매번 반드시 정돈하라' 속 정돈(整頓)과 반대되는 모습입니다. 정돈에는 집중과 정성의 시간이 필요합니다.

어린이들에게 글 읽는 능력과 생활 습관을 길러주기 위해 만들어진 《사자소학》 내용을 보면서 어른에게도 실천이 쉽지 않은 부분과 만날 때도 많습니다. 어린이 달님들과 정돈에 대한 생각을 나누었습니다.

"정돈을 잘해요."
"벗은 옷을 바닥, 소파에 던지는데 고쳐야 해요."
"책은 책꽂이에 연필은 연필꽂이에 놓아요."
"포켓몬 카드를 정리해서 보관해요."
"침대는 이불, 베개 순서대로 정리해요."

'아무 데나 물건을 두지 않고 정해진 자리에 두는 것, 안 쓰는 물건을 버리는 것' 어린이들은 이미 정돈의 기본을 알고 있다는 생각이 들었습니다. '書冊狼藉서책낭자 每必整頓매필정돈'이라는 씨 앗 문장을 읽고 책상을 치우기 시작했다는 어린이 달님도 있었습 니다. 아이들은 스스로 배움과 실천의 거리를 좁혀나갑니다.

"매(每)에 왜 어머니 모(母)가 들어가요?"

아이의 질문을 듣고 '매번, 늘, ~마다'라는 뜻을 가진 한자 每 (매)에 母(어머니 모)가 들어가는 이유가 무엇인지 궁금해졌습니 다. 每(매양 매)는 머리에 비녀를 꽂고 앉아 있는 어머니의 모습을 그린 것이라고 합니다. 자식에게 있어서 어머니는 언제나 좋은 사 람이어서 每(매양 매)가 '매번, 언제나'라는 뜻을 나타내게 되었다 는 풀이도 있습니다. 부모가 언제나 아이에게 좋은 사람의 모습으 로 비춰지지 못할 수도 있지만, 아이에게 좋은 환경을 만들기 위해 많은 노력을 합니다.

집을 정돈하는 것도 그중 하나입니다. 정돈(整頓)에 쓰인 한자 인 整(가지런할 정)에 있는 束(묶을 속)은 나무를 끈으로 묶어 놓은 모습을 그린 것으로, 整(정)은 흐트러진 것을 가지런하게 정리한다는 뜻입니다. 공간을 정돈하고자 하는 마음은 아이와 어른이 모두 가지고 있는 것 같습니다.

엄마가 되어서 정리 정돈에 더 관심갖게 되었다는 어른 달님들도 있었습니다. 아이가 자라서 작아진 옷이나 가지고 놀지 않는 장난감 등 물건을 계속 비우지 않으면 공간이 좁아집니다. 또한, 공간은 기분에도 영향을 줍니다. '비움', '미니멀라이프'에 대한 이야기가 계속 나오는 것도 공간 정돈에 대한 필요성을 보여줍니다.

"정돈해도 아이들 오면 다시 어지러워져서 아이들과 함께 책을 정돈할 때도 있어요." 정돈에 대한 이야기를 나누다 보니 각자의 정돈 노하우도 들을 수 있었습니다. 아이들과 함께 분담해서 정돈하기, 집에서 장터를 열어 아이가 정돈하는 상품을 판매하여 용돈으로 주는 방법, 청소 게임 등의 아이디어가 있었습니다. 정돈과 같은 습관을 들일 때 과정 자체에서 기쁨을 누리게 돕는 것 외에도 아이가 좋아하는 보상이 있으면 동기 부여가 될 수 있습니다.

아이가 자라면서 스스로 정리를 한다는 어느 엄마는 '물건의 질서'라는 이야기를 들려주었습니다. 일상에도 혼란을 줄이는 질서가 필요하듯이 가지고 있는 물건의 질서를 스스로 장악하지 않으면 필요한 상황에 물건을 못 쓰거나 낭비하게 됩니다.

'書冊狼藉서책낭자 每必整頓매필정돈'에서 핵심을 고르자면 매번이라는 뜻을 가진 每(매)인 것 같습니다. 책을 보고 나서 공간이 흐트러질 수 있습니다. 흐트러질 때마다 매번 다시 정돈하는 태도, 그것이 아이와 함께 지녀야 할 일상을 잘 살아내는 습관 같습니다.

사자소학 **놀이**

1 書冊狼藉서책낭자 **每必整頓**매필정돈, 씨앗 문장을 소리 내 읽고 손으로 써 보세요.

2 씨앗 문장에 나오는 한자 중에 궁금한 한자를 한자 사전에서 찾아보세요.

3 그 한자가 쓰인 한자어를 발견해 보아요.

4 아래 질문 등을 아이와 함께 이야기 나눠보세요.

書冊狼藉서책낭자 **每必整頓**매필정돈, 이 문장의 내용을 어떻게 받아들였나요?

정리정돈을 잘하는 편인가요?

정리정돈이 필요하다고 생각하나요? 그렇다면 이유는 무엇인가요?

정돈하는 데 어려움이 있다면 무엇인가요?

정돈하는 자신만의 방법이 있다면 알려주세요.

18 나가고 들어올 때는

出 必 告 之
출   필   고   지

反 必 面 之
반   필   면   지

밖에 나갈 때는 반드시 알리고
돌아오면 반드시 뵈어라.

出 必 告 之
날 출   반드시 필   알릴 고   이것 지

反 必 面 之
돌아올 반   반드시 필   낮 면   이것 지

　'出必告之출필고지 反必面之반필면지, 밖에 나갈 때는 반드시 알리고 돌아오면 반드시 뵈어라'는 외출과 귀가에 대한 인사 예절을 담고 있습니다.

　아이가 학교에 가면서 하는 말 "다녀오겠습니다"가 '出必告之출필고지'입니다. 出(날 출)은 발이 밖으로 향하는 모습에서 생겨난 한자입니다. 어릴 때는 늘 함께 외출하던 아이가 처음으로 혼자 학교에 갈 때가 기억이 납니다. 아이의 처음을 지켜볼 때 항상 기특하면서 설렘과 긴장이 공존하는 마음을 갖게 됩니다. 아이가 "다녀왔습니다"라고 말하며 현관문을 열었을 때 아이의 얼굴을 다시 마주하고 안심이 되었지요.

"必(반드시 필)이 두 번이나 쓰였어요."

'出必告之출필고지 反必面之반필면지' 문장을 읽고 한 어린이 달님이 이야기했습니다. 이 문장에서 두 번 나오는 必(반드시 필)은 사실 《사자소학》에 아주 많이 나오는 한자입니다. 필수(必須), 필승(必勝), 필연(必然) 등의 한자어에도 쓰이지요. '必(반드시 필)이 왜 이렇게 자주 나올까'라고 생각해보니, 《사자소학》이 일상에서 아이들에게 꼭 해야 하는 당부의 말을 담은 내용이라 그렇다는 결론을 내릴 수 있었습니다.

"출필고지를 하지 않으면 어떻게 될까?"라는 질문에 아이들은 부모님이 걱정하실 것 같다고 이야기했습니다. 《사자소학》에는 부모를 잘 섬기는 일, 즉 효에 대한 구체적인 이야기가 많이 나옵니다. 그중에서도 '出必告之출필고지 反必面之반필면지'는 서로에 대한 걱정은 덜어주고 사랑을 전할 수 있는 행동이라고 생각합니다.

'出必告之출필고지 反必面之반필면지' 다음으로 이어지는 내

必 반드시 필   須 모름지기 수   必 반드시 필   勝 이길 승
必 반드시 필   然 그러할 연

용은 '愼勿遠遊신물원유 遊必有方유필유방, 부디 먼 곳에 가서 놀지 말며 놀더라도 반드시 일정한 곳에 있어라'입니다. 이 말은 방금 놀이터로 놀러 나가는 아이에게 제가 한 말과도 닮아있습니다. 선조들과 부모라는 마음으로 연결된 기분이 들었습니다. 물론 요즘은 휴대폰이 있어 예전보다 연락하는 일이 훨씬 쉬워졌습니다. 그래도 아이와 연락이 닿지 않는 순간이 있을 때 아무 일 없을 거라고 생각하면서도 걱정이 됩니다.

'出必告之출필고지 反必面之반필면지' 이 씨앗 문장을 우리 아이와 함께 읽고 이야기하며 저 또한 부모님께 자주 연락드리고 찾아뵈어야겠다는 생각이 들었습니다. 자식을 늘 생각하는 부모님의 마음을 아는 입장이 되었으니까요. 그리고 자녀에게 가장 좋은 교육은 부모가 몸소 행동하는 것입니다. 그래서 효도를 가르친다는 것은 여전히 어렵기도 합니다.

"나갈 때는 알리고 돌아오면 뵈어요?" 어느 아이가 씨앗 문장을 읽고 궁금해했습니다. '出必告之출필고지'에 쓰인 告(고)는 '말

> 愼 삼갈 신　勿 말 물　遠 멀 원　遊 놀 유
> 遊 놀 유　必 반드시 필　有 있을 유　方 모 방

로 알린다'는 뜻을 갖습니다. 공고(公告), 광고(廣告), 보고(報告) 등
의 한자어에 포함되지요. 그리고 '反必面之반필면지'에 나온 面(낯
면)은 '뵈다, 만나다'의 뜻으로 쓰였습니다. 면담(面談), 면접(面接),
체면(體面) 등의 한자어에도 포함됩니다.

　　面(낯 면)의 갑골문에는 타원형 둘레 안에 하나의 눈(目)만 그
려져 있었다고 합니다. 이것은 사람의 얼굴을 표현한 것으로 얼굴
에서 특징적인 부분으로 눈이 드러난 것입니다. 만났을 때 말로 나
누는 대화로도 서로의 안부를 주고받을 수 있지만 눈 맞춤 같은 비
언어적인 요소도 중요합니다. 아이와의 소통에서도 따뜻한 눈빛
교환의 시간이 필요합니다.

　　'出必告之출필고지 反必面之반필면지' 밖에 나갈 때와 돌아올
때의 인사에 차이가 있습니다. 가족이 밖에 있다 돌아왔을 때 얼굴
을 보고 마주하면 안심이 되기 때문인 것 같습니다. 《사자소학》에
는 아이를 생각하는 부모의 마음이 담겨 있습니다.

公 드러낼 공　告 알릴 고　　廣 넓을 광　告 알릴 고

報 갚을 보　告 알릴 고　　面 낯 면　談 말씀 담

面 낯 면　接 사귈 접　　體 몸 체　面 낯 면

'出必告之출필고지 反必面之반필면지' 이 문장 내용은 자녀에게만 해당하는 의무 내용이 아니라 어른에게도 필요한 행동입니다. 나갈 때는 어디에 간다고 이야기를 하고 밖에서 돌아왔을 때 눈을 마주하고 잘 다녀왔다고 사랑을 전하면 좋겠죠.

옛 문화를 담고 있는 《사자소학》을 아이들과 함께 읽으며 제가 고민한 부분은 수직적인 강요 대신 현재에도 가치가 있는 예절과 태도에 대한 이야기로 확장시키는 것입니다. 함께 사는 가족일수록 외출, 귀가할 때 지켜야 할 예의를 생각해보고 그것의 바탕이 되는 상호 배려와 존중을 배워봅니다.

사자소학 놀이

1 出必告之출필고지 反必面之반필면지, 씨앗 문장을 소리 내 읽고 손으로
  써 보세요.

2 씨앗 문장에 나오는 한자 중에 궁금한 한자를 한자 사전에서 찾아보세요.

3 그 한자가 쓰인 한자어를 발견해 보아요.

4 아래 질문 등을 아이와 함께 이야기 나눠보세요.

  出必告之출필고지 反必面之반필면지, 이 문장의 내용을 어떻게 받아들였
  나요?

  집에 나가고 들어올 때 어떻게 하는 것이 좋을까요?

  혼자 밖에 나갈 때 어떻게 행동하는 것이 좋을까요?

  그렇게 생각하는 이유는 무엇인가요?

19 음식하고 먹는 마음

飮	食	雖	厭
음	식	수	염

與	之	必	食
여	지	필	식

음식이 비록 싫더라도
주시면 반드시 먹어라.

飮	食	雖	厭
마실 음	밥 식	비록 수	싫어할 염

與	之	必	食
줄 여	이것 지	반드시 필	먹을 식

《사자소학》은 일상의 내용을 담고 있습니다. 아이를 먹이고 입히고 재우는 우리의 모습과 닿아 있습니다. '飮食雖厭음식수염 與之必食여지필식, 음식이 비록 먹기 싫더라도 주시면 반드시 먹어라'라는 문장은 '주는 대로 먹어라'는 강요 같아서 어린이 달님들과 함께 읽는 것에 대해 고민했습니다. 그러다 이 문장을 먼저 읽은 어린이 달님이 식사 시간에 동생이 엄마한테 하는 반찬 투정을 듣고 동생에게 '飮食雖厭음식수염 與之必食여지필식'이라고 했다는 이야기를 듣게 되었습니다. 음식을 정성껏 차려 주셨는데 내가 투정 부리면 부모님께서 속상할 것 같다는 어린이도 있었습니다.

이 문장뿐만 아니라 아이들이 《사자소학》 내용을 자신의 일상과 연결하는 경우를 여러 번 보았습니다. 아이들은 고전에서 자신의 실생활에 필요한 부분을 배울 능력을 갖추고 있지요. '飮食雖厭 음식수염 與之必食여지필식' 이 문장을 통해 아이와 함께 식사의 예절도 이야기할 수 있습니다.

음식(飮食)은 飮(마실 음), 食(먹을 식)으로 이뤄져 먹고 마시는 것을 통틀어 이르는 말입니다. 우리는 무언가를 마시고 먹어야 영양분을 얻어 살아갈 수 있지요. 특히, 성장기에 있는 아이들에게 어떤 음식을 먹일 것인가는 부모들의 한결같은 고민입니다. 가족을 일컫는 다른 말인 식구(食口)에도 食(먹을 식)이 들어갑니다. 식구는 한집에서 함께 살면서 끼니를 같이하는 사람입니다.

함께 음식을 먹는 식구라 할지라도 좋아하는 음식은 다를 수 있습니다. 음식은 어린이들이 관심을 가지고 다양한 한자어를 익힐 수 있는 주제입니다. 음료(飮料), 식당(食堂), 급식(給食) 같이 먹고 마시는 것과 관련된 한자어를 아이와 함께 찾아봅니다.

食 먹을식　口 입구　　飮 마실음　料 거리료
食 먹을식　堂 집당　　給 줄급　食 먹을식

'飲食雖厭음식수염'에서 厭(염)은 '싫어하다'라는 뜻으로 쓰였습니다. 인생과 세상의 일을 암담하고 괴로운 것으로 여겨 싫어한다는 뜻의 염세(厭世)에도 厭(싫어할 염)이 들어갑니다. 이 문장에서는 '비록~ 하여도'라는 뜻을 가진 雖(수)와 함께 쓰였습니다.

'비록'이 쓰이는 상황에 대해 생각해봅니다. 비록 좋아하지 않는 음식이라도 먹고, 비록 좋아하지 않는 운동이라도 하게 되는 경우가 있죠. 좋아하는 음식이라서 먹고 좋아하는 영화라서 보게 되는 상황도 반갑지만, 어떤 상황에서는 싫음에도 불구하고 선택해야만 하는 힘이 우리에게 필요하다고 생각합니다. '비록' 처음에는 하고 싶지 않지만, 몸을 건강하게 만들어주는 운동을 하듯이 말이죠.

"우선 한 번만 먹어보자."

좋아하는 음식만 먹으려는 아이에게 새로운 음식을 먹이고 싶을 때 하게 되는 말입니다. 처음에는 싫더라도 차츰차츰 좋아지는 경우가 있습니다. 싫어하는 채소도 '아이가 어떻게 하면 좋아할 수 있을까' 하고 조리법을 바꿔서 시도해봅니다. '飲食雖厭음식수염

厭 싫어할 **염**   世 세상 **세**

與之必食여지필식'에 쓰인 與(여)는 '함께 하다'와 '주다'라는 뜻을 모두 가지고 있습니다. '飮食雖厭음식수염 與之必食여지필식'에서 與(여)는 '주다'라는 의미로 쓰였습니다.

싫어하는 음식이라도 먹어보라는 이 문장에서 싫은 것을 억지로 시키는 것에 초점을 두기보다 음식을 주는 사람의 마음을 아이들과 함께 생각해 보았습니다.

어린이 달님들은 고마운 감정을 떠올렸습니다. 《사자소학》에서 '飮食雖厭음식수염 與之必食여지필식' 앞에 나오는 문장은 '옷이 안 좋더라도 주시면 반드시 입어라'는 내용입니다. 이 문장 역시 처음 읽을 때는 아이의 취향과 개성을 인정하지 않는 문장으로 다가왔지만, 옷을 마련한 부모의 정성을 아이들이 당연하게 생각하지 않도록 일깨워줄 수 있는 지점이 있습니다.

"나는 고기가 좋고 편안한 옷이 좋아요."

싫어하는 음식과 옷에 대해 받아들이는 내용을 이야기하면서 아이들과 함께 좋아하는 것, 싫어하는 것에 대해 이야기 나눌 수 있습니다. 우리 아이는 자신이 좋아하지 않는 음식이나 옷을 엄마가 권하면 불편하다고 말했습니다. 저는 좋아하지 않는 음식이나 옷을 권하는 입장을 설명했습니다. 서로 다르지만, 함께 인정하며 식구들과 지내는 방법을 알아갑니다.

한자를 접할 때도 아이가 처음에는 좋아하지 않을 수 있습니다. 그럼에도 불구하고 함께 해나가는 시간이 필요하다고 여길 때는 그 생각을 아이에게 솔직하게 들려주세요. 내가 마음을 열 때 아이도 싫어하는 이유에 대해서 이야기를 꺼낼 수 있습니다. 만약 한자를 아이가 어려워하거나 싫어한다면 같은 재료로도 조리법에 따라 다른 음식이 만들어지듯이 여러 가지 시도를 하면서 서로에게 맞는 방법을 찾아갈 수 있습니다.

좋은 방법은 《사자소학》의 내용을 반드시 따를 것으로 강요하기보다는 《사자소학》에 있는 내용을 통해서 아이를 더 잘 이해하는 시간으로 만들어가는 것입니다. 당장 《사자소학》 문장을 외는 것보다 더 중요한 것은 아이의 마음을 이해하는 것입니다. 《사자소학》 읽기를 통해 아이가 자신의 생각을 이해하고 나눌 수 있다는 것을 알아간다면 《사자소학》 읽기를 즐길 수 있습니다.

어렵게 보이는 인문 고전 읽기도 나와의 연결 고리를 찾아가는 것부터가 시작입니다. 처음에는 좋아하지 않았지만 그래도 계속해봤더니 좋아하고 잘해지는 경험은 아이가 크면서 필요한 내면의 힘과 자신감을 길러주는 데 도움이 됩니다.

1 飲食雖厭음식수염 與之必食여지필식, 씨앗 문장을 소리 내 읽고 손으로 써 보세요.

2 씨앗 문장에 나오는 한자 중에 궁금한 한자를 한자 사전에서 찾아보세요.

3 그 한자가 쓰인 한자어를 발견해 보아요.

4 아래 질문 등을 아이와 함께 이야기 나눠보세요.

　飲食雖厭음식수염 與之必食여지필식, 이 문장의 내용을 어떻게 받아들였나요?

　어떤 음식을 좋아하고 어떤 음식을 싫어하나요?

　싫어하는 음식도 먹어야 할까요?

　싫어하는 음식도 먹어야 한다고 생각하면 그 이유는 무엇일까요?

　싫어했던 것이 좋아졌던 경험이 있나요?

20 손님이 찾아오시면

賓 客 來 訪
빈 객 래 방

接 待 必 誠
접 대 필 성

손님이 찾아오거든
접대하기를 반드시 정성스럽게 하라.

賓 客 來 訪
손 빈 　 손 객 　 올 래 　 찾을 방

接 待 必 誠
이을 접 　 기다릴 대 　 반드시 필 　 정성 성

'賓客來訪빈객래방 接待必誠접대필성, 손님이 찾아오거든 접대하기를 반드시 정성스럽게 하라.' 집에 손님이 오실 때, 손님에게 갖추어야 할 태도와 그 이유에 대해서 아이와 함께 대화할 수 있는 씨앗 문장입니다.

아이가 크면서 집에 손님이 오는 경우가 늘었습니다. 저의 집에 오는 손님은 주로 아이 친구 혹은 친구의 부모입니다. 아이 한 명을 키우기 위해서는 마을 하나가 필요하다는 말이 있습니다. 느슨하지만 이어져 있는 친구, 이웃과 지인이 집에 찾아올 때가 기다려지기도 합니다.

賓(빈)과 客(객) 모두 '잠시 머물렀다 떠나는 손님'이라는 뜻을 가진 한자입니다. 賓(손 빈)에 돈을 의미하는 貝(조개 패)가 들어가는 이유에 대해서는 손님이 선물을 들고 온다는 의미와 손님에게 돈이나 귀한 물건을 주었던 옛날의 인심이 반영된 것이라는 해석이 있습니다. 초대하는 쪽과 초대받는 쪽 모두 예의를 다하려는 바를 알 수 있습니다. 客(객)은 宀(집 면)과 各(각각 각)이 결합한 모습으로 객관(客觀), 객실(客室), 객지(客地) 등의 한자어에 쓰입니다.

'賓客來訪빈객래방'이라는 문장을 읽고 정현종 시인의 '방문객'이라는 시가 생각났습니다.

사람이 온다는 건
실은 어마어마한 일이다.
그는
그의 과거와
현재와
그리고
그의 미래와 함께 오기 때문이다.

客손객 觀볼관　客손객 室집실
客손객 地땅지

한 사람의 일생이 오기 때문이다.

'방문객'이라는 시의 시작 부분입니다. 찾아오는 손님을 통해 나의 세계 또한 확장될 수 있는 기회를 얻습니다. 이 시의 마지막 부분에는 환대(歡待)라는 단어가 나옵니다. 반갑게 맞아 후하게 대접한다는 환대의 모습으로 '賓客來訪빈객래방' 다음에 이어지는 '接待必誠접대필성'을 떠올릴 수 있습니다.

"모르는 손님이 오면 문을 열어주면 안 돼요."
"왜 왔냐고 물어봐요."
"우리 집에 온 친구와 간식을 나눠 먹어요."
"내 책을 보고 싶어 하는 친구에게 빌려줬어요."
"내가 가지고 싶던 장난감을 옆집 동생에게 양보했어요."

아이들은 '賓客來訪빈객래방 接待必誠접대필성'에 대한 자신의 생각과 경험을 나누었습니다. 그리고 친구 집에 놀러 가서 좋았던 기억도 떠올렸습니다.

歡 기뻐할 환 待 기다릴 대

'賓客來訪빈객래방 接待必誠접대필성' 이 문장 뒤로 나오는 내용은 '손님이 오지 않으면 집으로 드나드는 문이 적막해진다'입니다. 위기의 시대에 현명한 자는 다리를 만들고 어리석은 자는 벽을 세운다고 합니다. 함께 글을 읽고 생각을 나누는 것은 서로의 세계로 초대하는 다리를 놓는 과정입니다.

'接待必誠접대필성'에 쓰인 接(이을 접)은 오늘날 인터넷 접속(接續)과 같이 온라인에서도 자주 쓰입니다. 손님을 맞이하는 호스트의 경험은 온라인에서도 할 수 있습니다. 달빛서당 줌(Zoom) 모임을 준비할 때도 '賓客來訪빈객래방 接待必誠접대필성'을 떠올리게 됩니다.

공부 모임을 운영하며 자주 떠올리는 말은 공부 생태계입니다. 《왜 공부하는가》에 따르면 공부 생태계를 이루는 사람들은 각기 부지런히 어디선가 어떤 활동들을 시도하고 추진하며, 실패와 성공이 끊임없이 일어나고, 진화와 혁명 역시 일어난다고 합니다. 아이디어가 돌고, 일이 돌고, 돈이 돌고, 지식이 돌고요. 서로 자극하

接 이을 접   續 이을 속

고 격려하고 촉진하면서 새로운 에너지를 만들어 낸다는 내용이 나옵니다.

달빛서당도 이러한 공부 생태계가 될 수 있다고 생각합니다. 아이들은 친구들과의 상호작용을 즐기며 상호작용을 통해 배웁니다. 자녀와 함께 집에서 한자와 《사자소학》을 공부할 때도 또래 친구들과 모임을 만들기를 추천합니다.

교육의 환경도 많이 바뀌고 있습니다. 예전처럼 교실뿐 아니라 온라인에서도 다양한 배움의 기회를 누릴 수 있습니다. '디지털 시대, 어떻게 가르치고 배워야 하는가'라는 부제가 붙은 《교실이 없는 시대가 온다》라는 책이 있습니다. 이 책에는 태어날 때부터 엄청난 정보에 노출되는 디지털 네이티브들에게 가장 중요한 것은 지식의 암기가 아닌 동기 부여, 즉 '무엇을 배우느냐'가 아니라 '왜 배우느냐'이며, 학생들은 자신과 관련 있을 때 비로소 최고의 학습 성과를 낼 수 있다는 이야기가 나옵니다. 이 책의 저자는 앞으로 교사는 정보 전달자가 아닌 확장 가능한 질문을 던지고 확장 가능한 활동을 제시하는 '학습 조력자'이자 '맥락 전문가'가 되어야 한다고 강조합니다.

온라인 공간에서 아이들과 《사자소학》을 만나면서 노력하는 부분은 어린이 한 명 한 명의 일상생활과 《사자소학》의 내용을 이어보는 것입니다. 좋아하는 운동, 노래 가사도 한자와 연결되고 《사자소학》 내용이 자신의 생활과 관련 있음을 깨닫는 순간을 만들어가는 것이 중요합니다. 배움의 주인이 되는 과정을 통해서 아이들은 공부를 계속해나갈 수 있는 재미와 필요를 느끼게 됩니다.

아이와 함께 한자와 《사자소학》을 공부할 때도 아이가 주도적으로 자신의 이야기를 할 수 있게 맥락을 만들어주세요. 아이가 좋아하는 것, 관심을 갖는 주제에 대한 면밀한 관찰이 필요합니다. 처음에는 둘이서 하는 독서 모임 같은 시작이지만 그 이야기를 기록하고 함께 나누면 더 다양한 이야기, 넓은 배움에 닿을 수 있습니다.

 **사자소학 놀이**

1 賓客來訪빈객래방 接待必誠접대필성, 씨앗 문장을 소리 내 읽고 손으로
   써 보세요.

2 씨앗 문장에 나오는 한자 중에 궁금한 한자를 한자 사전에서 찾아보세요.

3 그 한자가 쓰인 한자어를 발견해 보아요.

4 아래 질문 등을 아이와 함께 이야기 나눠보세요.

   賓客來訪빈객래방 接待必誠접대필성, 이 문장의 내용을 어떻게 받아들였
   나요?

   손님이 찾아오면 어떻게 해야 할까요? 그렇게 생각하는 이유는 무엇인가요?

달빛서당 상담실

問 간체자와 번체자는 무엇인가요?

答 외국에서도 한자를 쉽게 발견할 수 있어요. 그런데 배운 한자와 모양이 다른 경우가 있지요. 바로 간체자가 있기 때문인데요. 간체는 이름 그대로 간단한 글자라고 할 수 있어요. 중국에서는 1950년대부터 본격적으로 한자 간화 작업을 실시해 1964년 간화자총표를 발표했어요. 1986년 개정한 내용이 현재의 간체자이며 총 2,235개입니다. 중국에서는 간체자를 사용하며 대만, 홍콩은 한국과 마찬가지로 간화 작업을 거치지 않은 번체자를 써요. 번체의 번(繁)은 간체의 간(簡)과 반대로 '많다 복잡하다'라는 뜻을 가지고 있고요.

번체와 간체를 예를 들어 살펴봅시다. 聽-听, 眾-众, 國-国, 이 한자들은 각각 '들을 청', '무리 중', '나라 국'이라는 한자로 앞은 번체, 뒤는 간체입니다. 번체 한자를 바탕으로 간단하게 만드는 작업이 이루어졌으므로 한국에서 쓰는 번체를 먼저 익힌다면 중국에서 쓰는 간체자도 쉽게 배울 수 있어요.

問 한자는 모두 몇 글자일까요?

答 한자가 모두 몇 글자인지 정확히 집계하는 건 어려운 일이에요. 사전

에 수록된 수로 한자의 수를 추측할 수도 있지만, 사전 별로 나와 있는 글자 수도 5만여 개~8만여 개 등으로 각기 달라요. 수만 개에 달하는 한자를 알아가는 것은 어렵게 느껴질 수 있어요.

하지만 한국에서 일상적으로 쓰이는 한자는 1,800개 정도면 충분해요. 한자 급수 3급은 1,817자 한자의 읽기 수준의 능력을 평가해요. 초등학교 때 알아야 할 한자는 대략 300자 정도로 추정되고요. 2019년 교육부가 발표한 초등학교 교과서 한자 표기 기준에 따르면 초등학교 5~6학년 교과서 한자 병기 범위가 300자입니다.

五.

지혜

五.
지혜

21 함께 기뻐하는

我	有	歡	樂
아	유	환	락

兄	弟	亦	樂
형	제	역	락

나에게 기쁨과 즐거움이 있으면
형제들도 즐거워한다.

我	有	歡	樂
나 아	있을 유	기쁠 환	즐길 락

兄	弟	亦	樂
형 형	아우 제	또 역	즐길 락

즐겁거나 힘든 일이 생기면 누구에게 먼저 이야기하시나요? 저는 세 살 터울인 친언니가 먼저 떠오릅니다. 육아나 진로 고민, 부모님과의 관계에 대해서도 언니에게 털어놓을 수 있어 좋습니다. 긴 시간 함께 살면서 지켜봐서 누구보다 나를 잘 알고 조언도 해줄 수 있는 고마운 존재입니다.

"둘이 싸우면 엄마가 괴로워요."

언니와 심하게 싸울 때도 있었는데 그것이 부모님께는 괴로움이 된다는 것, 서로 잘 지내는 것이 부모님의 기쁨이라는 사실도 알게 되었습니다. 저는 외동아이를 키우고 있지만, 형제자매가 사이

좋게 나란히 있는 모습에 항상 눈길이 갑니다. 달빛서당에도 겉모습과 목소리가 닮은 형제, 남매 달님이 있습니다.

'我有歡樂아유환락 兄弟亦樂형제역락, 나에게 기쁨과 즐거움이 있으면 형제들도 즐거워한다.' 《사자소학》에 나오는 이 문장을 달님들과 나눠보고 싶었습니다. 이 문장에 나오는 환락(歡樂)은 국어 사전에도 나오는 말로 '아주 즐거워한다'라는 뜻입니다. 歡(기쁠 환)에 있는 欠(하품 흠)는 입을 벌리고 있는 사람을 나타낸 한자입니다. 입을 크게 벌리고 하하 웃는 정서가 느껴지시나요? 환락(歡樂)에 쓰인 樂(락)도 즐거운 기분을 느낄 수 있는 한자입니다. '노래'라는 뜻일 때는 '악', '즐기다'는 뜻일 때는 '락', '좋아하다'는 뜻일 때는 '요'로 소리 나는 다음자 한자이기도 합니다.

樂(즐거울 락)은 본래 악기를 뜻했던 글자입니다. 갑골문에 처음 등장했던 樂(락)을 보면 木(나무 목)에 絲(실 사)가 결합한 모습으로 가야금, 거문고처럼 실을 튕겨 소리 내는 악기를 나타냈습니다. 악기를 연주하는 음악을 들으면 즐거우므로 '즐겁다'라는 뜻도

파생되었다고 합니다. 우리가 많이 쓰는 음악(音樂), 악기(樂器)에
도 들어가는 한자입니다.

'我有歡樂아유환락 兄弟亦樂형제역락' 나에게 기쁨과 즐거움
이 있으면 함께 기뻐하는 대상으로 《사자소학》에는 형제가 나옵
니다. 형제(兄弟)는 형과 아우로, 형제와 자매, 남매 관계를 통틀어
이르는 말입니다. 兄(형 형)은 儿(어진사람 인)에 口(입 구)가 결합
한 글자입니다. 갑골문에 나온 兄(형 형)을 보면 하늘을 향해 입을
크게 벌리고 있는 사람이 그려져 있는데 이것은 제사의 축문을 읽
는 모습을 표현한 것이라고 합니다. 제사를 준비하고 축문을 외는
것은 모두 나이가 많은 사람이 맡았기 때문에 兄(형 형)은 나이가
많은 남자, 맏이라는 뜻을 갖게 되었습니다.

'我有歡樂아유환락 兄弟亦樂형제역락' 다음으로 이어지는 문
장은 '我有憂患아유우환 兄弟亦憂형제역우, 나에게 근심과 걱정이
있으면 형제들도 근심한다'라는 내용입니다.

音 소리음 樂 노래악   樂 노래악 器 그릇기
我 나아 有 있을유 憂 근심할우 患 근심환
兄 형형 弟 아우제 亦 또역 憂 근심할우

"두 아들을 키우고 있는데 매우 유용한 문장이네요. 아이들이 잘 놀다가도 다투어서 혼내는 경우가 있어요. 我有歡樂아유환락 兄弟亦樂형제역락, 我有憂患아유우환 兄弟亦憂형제역우, 형제가 왜 사이좋게 지내야 하는지 잘 알려주는 것 같아요. 이건 굳이 설명이 필요가 없을 것 같아요." 이러쿵저러쿵 말이 길어지는 잔소리 대신 형제 아이들 앞에서 이 문장을 읊어야겠다는 어른 달님의 이야기도 기억에 남습니다.

"기분이 옮겨질 수 있어요."

'我有歡樂아유환락 兄弟亦樂형제역락, 나에게 기쁨과 즐거움이 있으면 형제들도 즐거워한다'라는 문장을 읽고 한 아이가 말했습니다. 《사자소학》에는 형제에 대한 이야기가 여러 번 나오는데 외동인 경우에도 가까운 관계에 대한 내용으로 확장해서 생각해 볼 수 있습니다. 언니, 형, 오빠라는 호칭은 꼭 부모가 같아야만 쓸 수 있는 것이 아닌 만큼 자신에게 소중한 관계를 떠올려볼 수 있습니다.

이심전심以心傳心이 떠오른다는 이야기도 있었습니다. 말로 설명할 수 없는 마음도 서로 통할 수 있는 관계, 함께 자라는 사이처럼 긴 시간의 호흡이 필요할 수도 있습니다. '我有歡樂아유환락 兄弟亦樂형제역락'에서 저도 공감이 떠올랐습니다. 가깝게 생활하는 가족 중에서 특히 또래인 형제의 기쁨과 슬픔에 공감하는 것은 살아가는 데 힘이 되기도 합니다.

함석헌 사학자가 쓴 시 '그 사람을 가졌는가'에는 "온 세상 다 나를 버려 마음이 외로울 때에도 '저 맘이야' 하고 믿어지는 그 사람을 그대는 가졌는가"라는 내용이 나옵니다.

형제가 있는 집 혹은 외동인 집에서도 부모는 아이들이 소중한 관계를 맺고 살아가도록 환경을 만들어줍니다. 나에게 기쁨과 즐거움이 있으면 함께 즐거워하고 나에게 근심과 걱정이 있으면 함께 근심하는 존재, 나를 아끼고 사랑하는 사람입니다. 꼭 혈연관계가 아니더라도 이런 존재가 있었으면 하고, 누군가에게 이런 사람이 되는 것이 살아가면서 필요하다고 생각합니다.

以 써이 心 마음심 傳 전할전 心 마음심

《사자소학》을 읽었던 과거에 보편적이었던 대가족 모습과 지금의 가족 형태는 달라졌기 때문에 관계라는 본질에 중점을 두고 문장을 활용하는 것이 좋습니다. 아이들에게 함께 읽고 나누고 싶은 《사자소학》 문장을 직접 선택하게 하고 이야기를 들어보는 방법도 추천합니다. 부모도 함께 나누고 싶은 문장을 뽑아 아이들에게 들려줄 수 있습니다. 각자 선택한 씨앗 문장에 대한 이야기를 나누면서 요즘 하고 있는 생각도 들을 수 있는 기회가 됩니다.

함께 즐기는 달빛서당 **사자소학 놀이**

1 我有歡樂아유환락 兄弟亦樂형제역락, 씨앗 문장을 소리 내 읽고 손으로 써 보세요.

2 씨앗 문장에 나오는 한자 중에 궁금한 한자를 한자 사전에서 찾아보세요.

3 그 한자가 쓰인 한자어를 발견해 보아요.

4 아래 질문 등을 아이와 함께 이야기 나눠보세요.

我有歡樂아유환락 兄弟亦樂형제역락, 이 문장의 내용을 어떻게 받아들였나요?

기쁠 때 생각나는 사람이 있나요?

기쁨을 함께 나누는 사람이 되려면 어떻게 해야할까요?

좋아하는 언니, 오빠, 형이나 동생이 있나요? 그 이유는 무엇인가요?

22 나누는 기쁨

分 冊 求 多
분　무　구　다

有 無 相 通
유　무　상　통

나눌 때 많기를 구하지 말며
있고 없는 것을 서로 통하게 하라.

分　　　冊　　　求　　　多
나눌 분　　말 무　　구할 구　　많을 다

有　　　無　　　相　　　通
있을 유　　없을 무　　서로 상　　통할 통

이번 씨앗 문장은 나눔에 대한 이야기입니다. '分毋求多분무구다 有無相通유무상통, 나눌 때 많기를 구하지 말며 있고 없는 것을 서로 통하게 하라.' 《사자소학》에서 형제 부분에 나오는 문장입니다.

나눔의 미덕은 형제뿐 아니라 더 넓은 인간관계에도 해당하는 보편적 진리라고 생각합니다. 나눔의 전제는 내가 가진 것을 아는 것부터 시작입니다. 우리는 모두 나눌 것이 있습니다. '分毋求多분무구다 有無相通유무상통' 이 문장을 통해 아이와 함께 나눔의 가치와 방법에 대해 이야기할 수 있습니다.

문장 처음에 나오는 分(나눌 분)은 八(여덟 팔)과 刀(칼 도)가 결합한 글자입니다. 刀(도)는 물건을 나눌 때 쓰인 칼, 八(팔)은 사물이 반으로 갈린 모습을 그린 것으로, 分(분)은 '물건을 나누다'라는 뜻을 가집니다. 아이들이 배우는 수학 분수(分數)에도 쓰이는 한자입니다. 아이들이 처음 접할 때 낯설게 느껴지는 분수의 개념도 한자를 통해 쉽게 다가갈 수 있습니다. '分毋求多분무구다' 이 문장에서는 '나눌 때 많기를 구하지 말라'고 합니다.

求(구)는 필요한 것을 '찾다'라는 뜻으로 구인(求人), 구직(求職), 요구(要求) 등의 한자어 등에 쓰입니다. 求(구)의 갑골문을 보면 짐승의 털가죽으로 만든 옷 모양을 표현한 글자였다고 합니다. 한자 사전에서 求(구)를 찾아보면 짐승의 털가죽으로 안을 덧댄 옷이라는 '갖옷'의 뜻을 여전히 가지고 있습니다. 먼 옛날 털가죽 옷은 추운 겨울을 견딜 수 있게 해주는 누구나 갖고 싶은 것이지만 귀해서 얻기 힘든 물건이었습니다. 그래서 털가죽 옷을 나타냈던 글자 求(구)는 점차 '가지고 싶어하다'라는 뜻으로 많이 쓰이게 되었습니다.

求 구할구 人 사람인   求 구할구 職 일자리직
要 구할요 求 구할구

'分毋求多분무구다'는 양이 한정된 자원을 나눌 때 자신이 더 가지려는 욕심을 내려놓을 것을 이야기하고 있습니다. 자신이 많이 소유하는 대신 누릴 수 있는 것은 나누는 기쁨입니다. '分毋求多분무구다'에 이어지는 문장은 '有無相通유무상통, 있고 없는 것을 서로 통하게 하라'입니다. 있고 없는 것을 서로 통하게 하려면 어떻게 해야 할까요? 저는 '有無相通유무상통'에 쓰인 한자가 힌트를 줄 수 있다고 생각합니다.

有(있을 유)는 손으로 고기를 쥐고 있는 모습에서 변화된 글자입니다. 자신이 가진 것을 독차지하지 않고 잘 나누기 위해서는 자신이 가진 것은 무엇인지 또 누가 필요로 하는지, 타인이 원하는 것은 무엇인지 살펴볼 필요가 있습니다. 相(서로 상)은 木(나무 목)과 目(눈 목)이 결합한 모습으로 나무가 자라는 것을 자세히 살펴본다는 뜻에서 출발해 후에 '서로', '돕다'라는 뜻도 가지게 되었습니다.

'分毋求多분무구다 有無相通유무상통'에서 通(통)은 과정이자 결과입니다. 通(통)은 말과 글에 두루 쓰이는 글자로 '피가 통하다',

'말이 통하다' 등의 문장과 교통(交通), 통학(通學), 통지(通知), 유통(流通) 등의 단어에도 모두 通(통)이 들어갑니다.

通(통)은 '다니기 좋게 뚫려있는 길을 가다'라는 의미도 있습니다. 길과 관련되었다는 내용을 보고 저는 중국 작가 루쉰의 소설 《고향》에 나오는 글이 떠올랐습니다.

"희망이란 있다고도 할 수 없고, 없다고도 할 수 없다. 그것은 마치 땅 위에 난 길과 같다. 본래 땅 위에는 길이 없었다. 한 사람이 먼저 가고 걸어가는 사람이 많아지면 그것이 곧 길이 되는 것이다"

막힘이 없이 들고 날 수 있게 연결되어 통하는 과정은 처음에 없던 길이 만들어지는 것과 같습니다. 누군가는 많지만, 누군가는 부족한 것을 나눔으로써 적절한 양과 방향으로 흐르게 하는 노력이 필요합니다.

'分毋求多분무구다 有無相通유무상통, 나눌 때 많기를 구하지 말며 있고 없는 것을 서로 통하게 하라'라는 씨앗 문장을 읽고 우리

交 서로교　通 통할통　　通 통할통　學 배울학
通 통할통　知 알지　　流 흐를유　通 통할통

아이는 아나바다 운동 이야기를 꺼냈습니다. 아나바다는 '아껴 쓰고 나눠 쓰고 바꿔 쓰고 다시 쓰기'를 줄인 말이라며 학교에서 참여했던 아나바다 장터를 떠올렸습니다. 아이가 쓰지 않는 장난감과 읽지 않는 책을 아나바다 장터에서 팔고 필요한 물건을 사서 돌아온 적이 있습니다. 그 이후에 제가 물건을 버리려고 하면 아이는 "필요한 사람에게 나눠 줄 수 없을까?"라는 질문을 하곤 했습니다.

《사자소학》에서 '分毋求多분무구다 有無相通유무상통' 다음으로 '형이 옷이 없으면 아우가 반드시 주고 아우가 음식이 없으면 형이 반드시 주어라', '한잔의 물이라도 반드시 나누어 마시고 한 알의 음식이라도 반드시 나누어 먹어라'라는 문장도 나옵니다. 책한 권을 가지고 소리 내서 함께 읽었던 것처럼 물자가 부족했던 예전에는 무엇이라도 생기면 나누는 문화가 오히려 더 활발했던 것 같습니다.

지금은 옷이나 음식 등 물건이 많아졌습니다. 요즘 아이들은 결핍이 없는 것이 결핍이라는 이야기도 있습니다. 하지만 시야를 확장해서 보면 여전히 먹을 것이 부족해 끼니를 거르는 사람들과 당장 필요한 물건도 갖지 못하는 경우도 많습니다.

전우익 농부 작가는 "혼자만 잘 살믄 무슨 재민겨"라고 말하며 "뭐든 여럿이 노나 갖고 모자란 곳을 두루 살피면서 채워 주는 것"이 재미난 삶이라고 이야기합니다. 가진 것을 더 많이 가지기 위해 애를 쓰기보다 내가 갖고 있는 것이 필요한 누군가를 살펴보고 서로 가진 것이 통하게 되는 세상이 조화롭고 풍요롭다고 생각합니다.

"나는 그림을 그려 나눌 수 있어요."

'分毋求多분무구다 有無相通유무상통'을 함께 소리 내 읽으며 아이들은 자신이 나눌 수 있는 것을 생각하고 꺼내 보입니다. 아이들과 함께 하면서 내가 더 많은 것을 내어준다고 생각했는데 아이들은 자신의 사랑, 배움을 나눠줍니다. 이렇게 서로 통하는 흐름 속에서 기쁨을 누립니다.

사자소학 **놀이**

1 *分*母*求*多분무구다 有無相通유무상통, 이 씨앗 문장을 소리 내 읽고 손으로 써 보세요.

2 씨앗 문장에 나오는 한자 중에 궁금한 한자를 한자 사전에서 찾아보세요.

3 그 한자가 쓰인 한자어를 발견해 보아요.

4 아래 질문 등을 아이와 함께 이야기 나눠보세요.

*分*母*求*多분무구다 有無相通유무상통, 이 문장의 내용을 어떻게 받아들였나요?

물건이나 자신의 것을 다른 사람과 나눈 적이 있나요?

나누면서 느낀 소감은 어떤가요?

나눔이 필요하다고 생각하나요? 그렇다면 그 이유는 무엇인가요?

23 근원과 흐름

比 之 於 水
비 지 어 수

同 源 異 流
동 원 이 류

물에 비하면
근원은 같고 흐름은 다른 것과 같다.

比　　之　　於　　水
견줄 비　이것 지　어조사 어　물 수

同　　源　　異　　流
한가지 동　근원 원　다를 이　흐를 류

아이가 혼자 있을 때는 어떤 특징이 두드러지지 않다가 형제자매나 친구와 함께 있을 때, 그 특징이 더욱 선명하게 보일 때가 있습니다. '比之於水비지어수 同源異流동원이류, 물에 비하면 근원은 같고 흐름은 다른 것과 같다.' 이 문장의 내용은 형제자매와 같이 부모가 같은 동기간에 대한 이야기입니다. '比之於水비지어수 同源異流동원이류' 앞에 오는 문장은 동기간을 나무에 빗대는 내용입니다. '比之於木비지어목 同根異枝동근이기, 나무에 비유하면 뿌리는 같고 가지는 다른 것과 같다'이지요.

　　비유(比喩), 비교(比較)에도 들어가는 한자 比(견줄 비)는 나란

比 견줄 비　之 이것 지　於 어조사 어　木 나무 목
同 한가지 동　根 뿌리 근　異 다를 이　枝 가지 기
比 견줄 비　喩 고할 유　　比 견줄 비　較 견줄 교

히 있는 두 사람의 모습에서 시작되었다고 합니다. 가족 내에서 또래를 이루는 형제는 종종 비교의 대상이 되기도 합니다. 가족은 나와 같거나 다른 모습으로 내가 어떤 사람인지 선명하게 알게 해주기도 합니다. 달빛서당에도 형제, 남매가 함께 오는 경우가 있는데요. 듣기에 낭독 목소리가 비슷해서 깜짝 놀랄 때도 있습니다.

'比之於水비지어수 同源異流동원이류, 물에 비하면 근원은 같고 흐름은 다른 것과 같다.' 동기간을 물에 비유한 이 문장은 형제자매가 없는 외동아이라 할지라도 같은 점과 다른 점을 꺼내 이야기할 수 있습니다. '同源異流동원이류'에서 한자 同(동)은 같음을, 異(이)는 다름을 나타냅니다. 源(근원 원)은 水(물 수)와 原(근원 원)이 결합한 모습으로 물이 처음 흘러나온 곳이 원래 의미입니다. 물이 처음 흘러나온 곳, 이 문장에서는 부모님을 뜻하겠죠.

'同源異流동원이류'는 같은 부모님에서 태어나왔지만 다르게 성장하는 것을 의미합니다. 한자 同(동)이 들어가는 한자어로는 동감(同感), 동생(同生), 협동(協同)이 있습니다. 異(다를 이)의 갑골

同 한가지 동　感 느낄 감　　同 한가지 동　生 날 생
協 합칠 협　同 한가지 동

문은 가면을 쓰고 두 손을 흔들며 춤을 추는 평범하지 않은 모습을 나타낸 것입니다. 異(다를 이)는 차이(差異), 이상(異常), 이성(異性) 등의 한자어에 쓰입니다.

"나랑 이런 점이 틀려요."

아이들은 가족이나 친구와 다른 점을 이야기할 때 종종 '틀리다'라는 표현을 썼습니다. '다르다'와 '틀리다'는 어른들도 자주 헷갈리는 경우가 있습니다. 다른 것이 틀린 것이라는 생각과 무관하지 않을 수도 있습니다. 다름이 틀림이 될 때 다양성은 설 자리를 잃게 됩니다.

어린이라는 공통점은 있지만 모두 개성이 다른 아이들에게 한자를 소개하면서 맞춤형 교육을 지향하게 됩니다. 획일적인 내용과 형식으로 아이들을 통일시키려 들지 않기 위해서는 아이마다 다른 동기를 세밀하게 관찰해 이끌어내는 것이 필요합니다. 가족이나 친구 사이에서 일어나는 비교도 어느 한쪽이 옳고 다른 한쪽이 틀리다고 판단해 하나의 방향으로 흐르게 하기보다 각각의 다

差 어긋날 **차** 異 다를 **이**   異 다를 **이** 常 항상 **상**
異 다를 **이** 性 성질 **성**

른 특징이 다양하게 발휘될 수 있도록 돕는 방향을 생각해봅니다.

'比之於水비지어수 同源異流동원이류', 《사자소학》에서는 형제 관계를 물에 비유한 문장이지만 근원은 같고 흐름은 다른 것은 언어에서도 찾을 수 있습니다. 동원(同源)에 쓰인 源(근원 원)은 어떤 말이 생겨난 근원인 어원(語源)에도 들어가는 한자어입니다. 한자어로 된 말을 각각의 한자로 풀이할 때 어원에도 다가갈 수 있습니다. 어원, 근원 등 무엇이 생겨난 시작과 흐름을 알게 되면 앞으로 생겨날 응용과 변화 등의 흐름을 파악할 수 있습니다.

"한국어뿐 아니라 아이가 영어 단어의 어원도 궁금해해요." 달빛서당에 참여한 한 어른 달님의 말입니다. 영어나 프랑스어 등 서양 언어를 모국어로 삼는 학생들도 언어를 더 깊이 있게 이해하기 위해 라틴어를 공부하기도 합니다.

같은 곳에서 시작하거나 출발해도 다르게 흘러갈 수 있다는 것은 각자 앞으로 어떻게 해나가는지가 더 중요함을 의미합니다. 한국어라는 말의 근원은 같지만, 언어로 표현하는 내용이나 형식은 모두 다릅니다. 한자는 우리말을 정확하게 쓸 수 있게 돕는 도구이며 언어를 정확하게 쓴다는 것은 섬세한 사유와 이어집니다. 한자로 된 속뜻에 대한 이해 없이는 정확한 뜻을 이해하고 소통하기 어렵습니다. 같은 한국어라 할지라도 한자의 속뜻이 채워져야 막힘 없는 소통이 가능할 것입니다.

함께 즐기는 달빛서당 사자소학 놀이

1 比之於水비지어수 同源異流동원이류, 이 씨앗 문장을 소리 내 읽고 손으로 써 보세요.

2 씨앗 문장에 나오는 한자 중에 궁금한 한자를 한자 사전에서 찾아보세요.

3 그 한자가 쓰인 한자어를 발견해 보아요.

4 아래 질문 등을 아이와 함께 이야기 나눠보세요.

比之於水비지어수 同源異流동원이류, 이 문장의 내용을 어떻게 받아들였나요?

가족이나 주변 사람들과 같은 점과 다른 점이 무엇이 있나요?

그렇게 생각하는 이유는 무엇인가요?

24 밝게 보고 듣는 것

視 必 思 明
시 필 사 명

聽 必 思 聰
청 필 사 총

볼 때에는 반드시 밝게 볼 것을 생각하며,
들을 때에는 반드시 밝게 들을 것을 생각한다.

視　　必　　思　　明
볼 시　반드시 필　생각 사　밝을 명

聽　　必　　思　　聰
들을 청　반드시 필　생각 사　귀 밝을 총

똑똑한 사람을 말할 때 쓰이는 총명을 한자로 풀이하면 귀가 밝고(聰), 눈이 밝다(明)입니다. '視必思明시필사명 聽必思聰청필사총, 볼 때에는 반드시 밝게 볼 것을 생각하며, 들을 때에는 반드시 밝게 들을 것을 생각한다.' 이 씨앗 문장에는 총명에 쓰이는 한자가 모두 포함되어 있지요. 보고 듣는 것에 대해 아이와 함께 생각해볼 수 있는 문장입니다.

사람은 보고, 듣고, 만지는 등 다양한 감각 자극을 받아들이고 처리합니다. 같은 자극을 받아도 그것을 받아들이고 느끼는 감수성은 사람마다 다르지요. 감각에 대한 수용과 표현은 사람마다 고유한 것이라고 할 수 있습니다. 무언가를 보거나 들을 때 기존에 내

안에 있는 정보를 필터로 삼아 받아들일 때가 많아요. 예를 들어서 누군가의 행동을 보고 말을 들었을 때 그 사람을 내가 좋아한다면 그 사람의 행동과 말에 대해 긍정적으로 느낄 수 있지만 반대인 경우도 일어납니다.

'視必思明시필사명 聽必思聰청필사총, 볼 때에는 반드시 밝게 볼 것을 생각하며, 들을 때에는 반드시 밝게 들을 것을 생각한다'라는 문장에서는 보고(視), 듣고(聽) 다음에 반복해서 나오는 과정이 있습니다. 반드시 생각한다는 필사(必思)입니다.

한자 思(생각 사)는 머리의 최상부인 囟(정수리 신)과 심장, 즉 마음을 뜻하는 心(마음 심)이 합쳐져 생각을 뜻하는 글자를 만들어 낸 것이지요. 思(생각 사)가 들어가는 한자어로는 사색(思索), 사상(思想), 의사(意思) 등이 있습니다. 이성과 감성이 조화를 이루는 생각을 하기 위해서는 어떤 노력이 필요할까요?

저는 "자극과 반응 사이에는 공간이 있다. 그 공간에는 자신의 반응을 선택할 수 있는 자유와 힘이 있다. 그리고 우리의 반응에 성

思 생각 사 索 찾을 색   思 생각 사 想 생각할 상
意 뜻 의 思 생각 사

장과 행복이 좌우된다"라는 빅터 프랭클의 말이 떠올랐어요. 빅터 프랭클은 나치 독일의 유대인 강제수용소에 갇혀있었던 정신과 의사입니다. 그는 유대인 수용소에서의 경험을 바탕으로 《빅터 프랭클의 죽음의 수용소에서》라는 책을 썼어요. 그는 나치의 통제 속에서 어떠한 자극을 받더라도 스스로 반응을 결정할 수 있는 자유의 힘에 주목합니다. 어려운 일을 겪더라도 밝은 면을 생각할 수 있는 관점, 태도를 결정할 수 있는 자유가 남아 있지요.

'視必思明시필사명 聽必思聰청필사총, 볼 때에는 반드시 밝게 볼 것을 생각하며, 들을 때에는 반드시 밝게 들을 것을 생각한다.' 이 씨앗 문장을 가지고 아이들과 보고 듣는 것 반응하는 모습에 대한 이야기를 나눴습니다.

"여기 해와 달이 있어요."

한 아이가 明(밝을 명)을 쓰며 말했습니다. 한자 明(명)은 日(해 일)과 月(달 월)로 이루어져 있습니다. 낮을 밝히는 태양(日)과 밤을 밝히는 달(月)이 함께 있는 이 글자에서 환해지는 빛을 느낄 수 있습니다.

"한자 공부가 이래서 좋다는 생각이 들어요."

달빛서당에서는 《사자소학》뿐만 아니라 일상에서 아이와 함께 이야기한 한자어도 기록으로 남겨서 서로 나눕니다. 아이가 뜻을 물어오는 한자어를 한자로 하나씩 하나씩 풀다 보면 그 의미가 선명해지고 외울 필요 없이 저절로 이해가 되어 좋다는 소감을 여러 번 들었습니다.

해와 달을 품고 있는 한자 明(밝을 명)을 알게 되면 발명(發明), 명랑(明朗), 명쾌(明快) 등의 한자어를 접해도 밝음의 모습을 상상할 수 있습니다. 어떤 글자를 봤을 때 단순히 소리로 그 뜻을 이해하는 것과 그 단어의 속살을 이루고 있는 한자의 구성원리를 아는 것은, 그 단어를 이해하고 유추하는 폭과 깊이가 다를 수밖에 없습니다.

發 드러낼 발   明 밝을 명   明 밝을 명   朗 밝을 랑
明 밝을 명   快 쾌할 쾌

여행을 통해서도 많은 것을 배울 수 있죠. 아이들과 함께 여행을 떠나면 지명의 한자를 통해서 해당 지역의 특징을 알 수 있습니다.

안면도로 가족 여행을 갔을 때 아이가 안면도라는 이름에도 한자가 쓰였는지 궁금해했습니다. 안면도는 安(편안할 안), 眠(잘 면), 島(섬 도)로 이루어진 이름이에요. 편안하게 잘 잘 수 있는 섬이라는 것일까? 궁금해서 더 찾아보니 안면도에서는 새와 짐승 등이 편안히 누워 쉴 수 있다고 합니다. 숲으로 우거져 있는 자연환경을 나타낸 지명이라는 것을 알 수 있었습니다.

《나의 문화유산답사기》에는 전 국토가 박물관이라는 글과 함께 "아는 만큼 보인다"라는 말이 나옵니다. 조선 시대 한 문인의 말을 인용한 "사랑하면 알게 되고, 알면 보이나니 그때 보이는 것은 전과 같지 않으리라"라는 말도 유명하지요. 한자와 인문 고전을 가까이하는 인문학은 책상 공부에서 그치는 것이 아니라 일상과 여행과도 관련 있어요. 같은 것을 보고 듣더라도 통찰력을 기르는 방향으로 이끌어줍니다.

함께 즐기는 달빛서당 사자소학 놀이

1 視必思明시필사명 聽必思聰청필사총, 이 씨앗 문장을 소리 내 읽고 손으로 써 보세요.

2 씨앗 문장에 나오는 한자 중에 궁금한 한자를 한자 사전에서 찾아보세요.

3 그 한자가 쓰인 한자어를 발견해 보아요.

4 아래 질문 등을 아이와 함께 이야기 나눠보세요.

視必思明시필사명 聽必思聰청필사총, 이 문장의 내용을 어떻게 받아들였나요?

보고 들을 때는 어떻게 하는 것이 좋다고 생각하나요?

그렇게 생각하는 이유는 무엇인가요?

25 함께 좋을 수 있는 길

損 人 利 己
손 인 이 기

終 是 自 害
종 시 자 해

남을 손해 보게 하고 자신을 이롭게 하면
결국은 자신을 해치는 것이다.

損 人 利 己
덜 손　　사람 인　　이로울 이　　몸 기

終 是 自 害
마칠 종　　옳을 시　　스스로 자　　해할 해

'損人利己손인이기 終是自害종시자해, 남을 손해 보게 하고 자신을 이롭게 하면 결국은 자신을 해치는 것이다'라는 씨앗 문장에 대해 어떻게 생각하시나요?

"자기만 편하고 다른 사람을 불편하게 하는 거예요."
"자기만 생각하면 안 돼요."

어린이 달님들은 '損人利己손인이기 終是自害종시자해, 남을 손해 보게 하고 자신을 이롭게 하면 결국은 자신을 해치는 것이다'라는 씨앗 문장에서 '관계'라는 가치를 발견했습니다.

'損人利己손인이기'에서 損(덜 손)은 '잃다, 상하게 하다'라는 뜻으로 쓰였습니다. 損(덜 손)이 들어가는 단어로는 손실(損失), 손해(損害), 파손(破損) 등이 있지요. 이기(利己)는 우리가 '이기적이다'라고 할 때 쓰는 한자와 같습니다. 利(이로울 리)는 禾(벼 화)와 刀(칼 도)가 합쳐진 모습입니다. 본래 칼이 벼를 벨 수 있을 정도로 '날카롭다'라는 뜻을 위해 만든 글자로 벼를 베어 추수하는 것은 농부들에게 수익을 가져다주어서 '이익, 이롭다'라는 뜻을 가지게 되었다는 설명도 있습니다. 利(이로울 리)는 유리(有利), 편리(便利), 이용(利用) 등의 한자어에 쓰입니다.

'損人利己손인이기 終是自害종시자해, 남을 손해 보게 하고 자신을 이롭게 하면 결국은 자신을 해치는 것이다'의 경험에 대해 한 아이는 수업 시간에 딴짓하는 것을 떠올렸습니다. 수업 시간에 자기만 생각해서 하고 싶은 대로 하면 선생님과 다른 친구들에게 방해될 수 있다는 이야기였지요.

損덜손 失잃을실　損덜손 害해칠해
破깨뜨릴파 損덜손　有있을유 利이로울리
便편할편 利이로울리　利이로울리 用쓸용

"모르고 할 때도 있어요"라는 아이의 말에 '損人利己손인이기, 남을 손해 보게 하고 자신을 이롭게 하다'의 고의성 여부도 생각할 수 있었습니다. 누군가를 아프게 하는 말과 행동을 할 때 일부러 한다기보다 내가 하는 행동이 어떤 영향을 주는지 몰라서 하는 경우가 있지요. 그래서 앎을 위해 이렇게 함께 글도 읽고 이야기를 나누는 과정이 필요합니다.

'損人利己손인이기 終是自害종시자해, 남을 손해 보게 하고 자신을 이롭게 하면 결국은 자신을 해치는 것이다'라는 문장이 잘 이해가 안 된다는 어린이 달님의 이야기도 있었습니다.

손해를 끼친다는 것과 이롭다의 뜻을 아직 정확히 이해하지 못하기도 하지만 아직 상대방을 생각하거나 배려하는 마음을 경험으로 많이 배우지 못한 이유도 있는 것 같다는 엄마의 설명이 이어졌어요. "너무 착하게 키우는 것이 문제가 되는 불안을 조장하는 사회에 살고 있다는 사실을 마주할 때마다 슬프지만 나조차 어떻게 아이를 키워야 하는지에 대해 갈피를 잡지 못할 때가 많은 것이 사실"이라는 토로에 공감이 갔어요.

이기(利己), 자신을 이롭게 하는 것 자체는 옳은 일이라고 생각합니다. 경쟁을 부추기는 사회에서 자신을 이롭게 하는 것과 타인의 이익이 충돌할 때도 있지요. 자신의 이익을 위해 다른 사람을 해치거나 법을 어기는 어른들도 있습니다. '損人利己손인이기 終是自害종시자해'는 자신의 이익을 좇지 말라는 말이 아니라, 자신이 귀한 만큼 타인을 존중하고 배려할 것을 가르치는 문장입니다.

부모가 되어 어떻게 살아야 하는가에 대한 고민이 더 많아졌습니다. 어떻게 살아야 한다고 아이에게 말로 하는 교육보다 내가 사는 모습을 보면서 아이가 배울 수 있다고 생각합니다. 우리가 크면서 부모님의 어떤 점은 따르고 싶고 반대로 따르고 싶지 않은 점도 있었던 것처럼 말이에요.

해를 향하여 똑바로 걸어가는 모습인 是(옳을 시)가 바르다, 옳다라는 의미가 된 것처럼 어떤 방향을 선택할지는 세상에 대한 관점과 가치관을 나타내지요. 살면서 어떤 기준에 따르고 싶은가를 생각해보니 양심이 떠올랐어요.

양심의 사전적 의미는 사물의 가치를 변별하고 자기의 행위에 대하여 옳고 그름과 선과 악의 판단을 내리는 도덕적 의식입니다. 양심은 맹자가 일찍이 사용한 용어이기도 합니다. 맹자는 인간이 본래 선함을 가지고 있고 양심을 통해 이 선함을 발전시켜나가는 것이 중요하다고 설명했지요. 인간이 원래 선함을 가지고 있다면 이를 지켜나가고 유지하는 데 경험과 교육이 필요하다고 생각합니다.

자신의 이로움을 추구하는 것이 한쪽은 잘 되고 다른 한쪽은 안되는 제로섬 게임 같은 구조가 아니라 공존과 상생의 결과로 이어질 수 있음을 《사자소학》을 통해 아이와 함께 이야기할 수 있습니다. 자신과 남에게 모두 이익이 되었던 경험에 대해서도 어린이 달님들의 목소리를 들어보았습니다.

"심부름할 때, 엄마 일이 줄어들고 나는 뿌듯해요."
"친구가 피구를 하자 했는데 마침 나도 하고 싶었어요."
"놀이터에서 친구랑 놀 때 함께 즐거운 시간을 보냈어요."
"다른 친구도 공부를 잘하고 나도 공부를 잘할 때요."

어린이들의 이야기를 듣고 아이들도 우리가 서로 연결되어 있다는 것을 잘 알고 있다는 생각이 들었습니다. 어느 사회나 자원은 유한하고 생존 경쟁이 치열합니다. 불안으로 시야가 좁아질 때는 책 제목이기도 한 《손잡지 않고 살아남은 생명은 없다》를 떠올립니다. 이 책의 저자인 최재천 동물행동학자는 자연계의 모든 동식물을 다 뒤져보면 손을 잡지 않고 살아남은 생명은 없다고 합니다. 꽃과 벌, 개미와 진딧물, 과일과 먼 곳에 가서 그 씨를 배설해 주는 동물처럼 살아남은 모든 생물은 짝이 있고 손을 잡고 있다고 합니다. 자연에서 나타나는 상생의 모습입니다.

'終是自害종시자해, 결국은 자신을 해치는 것이다'에서 쓰인 終(마칠 종)은 '결국은, 마침내'라는 뜻으로 쓰였습니다. 저는 이 부분에 주목하기로 했습니다. '결국, 마침내'라는 것은 어떤 일의 마무리에 이르러서 나타나는 것입니다. 타인과 더불어 살아가면서 때로는 양보와 희생이 있을 수 있지만 길게 생각해보면 나를 위하는 선택이 될 수도 있어요. 나를 위한 행동과 남을 위한 행동은 완전히 분리된 것이 아니라 접점을 찾을 수 있는 것입니다. 그 접점이 많아질 때 더불어 살아가는 행복을 느끼는 순간이 많아질 거예요.

함께 즐기는 달빛서당 **사자소학 놀이**

1 損人利己손인이기 終是自害종시자해, 이 씨앗 문장을 소리 내 읽고 손으로 써 보세요.

2 씨앗 문장에 나오는 한자 중에 궁금한 한자를 한자 사전에서 찾아보세요.

3 그 한자가 쓰인 한자어를 발견해 보아요.

4 아래 질문 등을 아이와 함께 이야기 나눠보세요.

損人利己손인이기 終是自害종시자해, 이 문장의 내용을 어떻게 받아들였나요?

자신에게는 좋은 것 같았지만, 남에게 피해를 준 행동이 있었나요?

있었다면 그때 기분이 어땠나요?

자신과 남에게 모두 좋은 일은 무엇이 있을까요?

그 이유는 무엇이라고 생각하나요?

달빛서당 상담실

問 한자 급수를 꼭 따야 할까요?

答 "아이가 한자 공부를 할 때 한자 급수를 꼭 따야 할까요?"라는 질문을 종종 받습니다. 한자 급수란 대체로 한자능력검정시험을 말합니다. 한자 능력을 검정하기 위하여 실시하는 시험이지요. 한국어문회, 대한검정회, 한자교육진흥회 등 다양한 기관에서 실시하며 8급부터 특급까지 여러 등급 구분이 있습니다. 한자 학습 동기를 부여하기 위해 상용한자 50개를 알고 있는지 확인하는 8급 시험부터 시작해 국어/한문 혼용 고전을 불편 없이 읽고, 연구할 수 있는 수준인 특급(읽기 5,978자/쓰기 3,500자)까지 급수가 나누어져 있습니다.

상위 급수의 한자는 하위 급수 한자를 모두 포함하고 있어 8급부터 시험을 볼 수도 있고 그 위에 있는 급수를 선택해도 됩니다. 전체 배정 한자와 기출 문제는 모두 공개되고 있습니다. 한국어문회에서는 급수배정으로 초등학생은 4급, 중고등학생은 3급, 대학생은 2급과 1급 취득에 목표를 두고 학습하길 권해 드린다는 내용이 나와 있습니다. 한자 급수 시험을 보게 된다면 한자 읽기, 쓰기를 공부하고 실력을 확인할 수 있는 계기가 되기도 합니다. 스스로 시험에 도전해보고 싶다는 의지가 있다면 응시

하는 것이 좋다고 생각합니다. 하지만 시험을 보지 않고 일상에서 가랑비에 옷 젖듯이 한자를 익히는 방법 역시 효과적이라고 생각합니다. 중요한 것은 공부에 필요한 흥미를 유지하고 평소에도 계속 한자를 활용하는 것입니다. 반복 학습도 필요하지요. 동물이나 지명 등 아이가 좋아하는 내용에서 출발해 한자를 알아가고 그 범위를 확대해가는 것이 좋습니다.

問 한자 공부에 학습만화가 도움이 될까요?

答 과학, 수학 등 다른 과목과 마찬가지로 학습만화를 통해 한자와 친근해지는 어린이들이 많습니다. 베스트셀러 《마법천자문》을 비롯해 수많은 한자 관련 학습만화가 어린이들의 사랑을 받고 있습니다. 아이들이 좋아하는 학습만화를 전부 다 읽지는 못했지만 여러 권 읽어보았습니다. 아이들의 흥미를 끌만한 주제와 한자 이야기가 만화와 잘 섞여 있는 책이었습니다. 저는 학습만화가 아이들에게 한자에 대한 흥미를 높여주고 한자를 어느 정도 알아가는 데 도움이 된다고 생각합니다.

다만 아이가 한 가지 음식을 지나치게 편식하면 영양분을 골고루 섭취하는 데 문제가 될 수 있듯이 학습만화만 보게 되면 더 깊은 생각이 필요한 내용이나 긴 글을 이해하는 데 영향을 줄 수 있습니다. 만화책은 시간이나 권수를 제한해서 보는 등 어느 정도의 개입은 꼭 필요하다고 생각합니다. 만화 외에도 한자 관련 다양한 어린이 책이 있으니 아이들과 함께 읽는 방법도 추천합니다.

- 나의 첫 한자책
- 나를 들여다보는 한자
- 생각이 뛰어노는 한자
- 세상이 보이는 한자

問 《사자소학》 관련 동영상이나 사이트가 있나요? 《사자소학》 다음에는
어떤 인문 고전을 읽으면 좋은지 추천해주세요.

答 《사자소학》의 전체 원문과 해석은 동양고전종합DB 사이트(http://
db.cyberseodang.or.kr/)에서 확인하실 수 있습니다.

유튜브에서도 《사자소학》 관련 영상을 찾을 수 있습니다. 한국전통서당
문화진흥회에서 만든 교육 영상과 분당강쌤의 초등 《사자소학》, 경희서
당TV의 《사자소학》 영상을 찾아 아이와 함께 볼 수 있습니다. 《사자소
학》 다음에는 《명심보감》 읽기를 권해드려요. 《명심보감》은 《사자소
학》보다 조금 더 어려운 한자 공부와 깊이 있는 인성 교육을 할 수 있는
인문 고전입니다. 《명심보감》을 읽고 난 후 《논어》 읽기에도 도전해볼
수 있겠지요. 처음부터 인문 고전 전집을 구비하기 보다 아이와 함께 실
험하듯 한 권씩 읽어보는 방법도 좋습니다.

- 초등 사자소학

- 처음 만나는 명심보감
- 공자와 제자들의 인생 수다
- 초등학생을 위한 논어 명문장 따라 쓰기

六.
사랑

六.

사랑

26 생명이 돋아나는

父	生	我	身
부	생	아	신

母	鞠	吾	身
모	국	오	신

아버지는 내 몸을 낳으시고
어머니는 내 몸을 기르셨다.

父	生	我	身
아버지 부	날 생	나 아	몸 신

母	鞠	吾	身
어머니 모	기르다 국	나 오	몸 신

"이게 말이 돼요?"

《사자소학》을 처음 펼쳐 보았던 우리 아이는 '父生我身부생아
신 母鞠吾身모국오신, 아버지는 내 몸을 낳으시고 어머니는 내 몸
을 기르셨다'를 읽고 이렇게 말했습니다. "엄마가 나를 낳았잖아
요"라며 초등학교 2학년인 아이도 말이 안 된단다고 생각하는 이
문장이 우리 선조들이 읽고 공부한 내용이라니, 도대체 어떤 맥락
일까요?

1992년생 작가가 쓴 소설 《가녀장의 시대》에도 주인공 슬아
가 '父生我身부생아신 母鞠吾身모국오신'이라는 문장을 읽고 그

내용에 의문을 품는 장면이 있습니다. 질서이자 권위이기도 한 언어는 우리를 '마치~인 듯' 살게 만든다는 내용도 나오지요. '父生我身부생아신 母鞠吾身모국오신, 아버지는 내 몸을 낳으시고 어머니는 내 몸을 기르셨다'는 가족을 비롯하여 사회 전반적인 관계를 남성 중심적으로 설정하는 가부장 시대와 관련이 있습니다.

《사자소학》뿐만 아니라 오랜 역사를 가진 고전과 한자에는 여성을 차별해온 이야기가 담겨 있는 경우가 많습니다. 그래서 '멀리하는 게 좋을까?'라는 고민이 생겼을 때 역사를 배우는 이유가 떠올랐습니다. 전쟁, 약탈, 차별 등 인류의 긴 이야기 속에는 흑역사도 많지요. 그럼에도 우리는 지난 시간을 통해서 배우고 앞으로 나아갈 방향을 정할 수 있습니다.

유발 하라리가 쓴 책 《사피엔스》에는 역사를 연구하는 이유에 대해 우리의 지평을 넓히기 위해서라는 내용이 나옵니다. 우리의 현재 상황이 자연스러운 것도 필연적인 것도 아니라는 사실을 역사를 통해서 알 수 있어 더 많은 가능성을 상상할 수 있습니다.

소설 《가녀장의 시대》의 표지를 유심히 살펴보면 '母生我身모생아신 父鞠吾身부국오신'이라는 글이 보입니다. 기존 《사자소학》의 문장인 '父生我身부생아신 母鞠吾身모국오신'에서 아버지와 어머니의 자리를 바꿔 '어머니 내 몸을 낳으시고 아버지 내 몸을 기르신다'로 재구성한 것입니다.

이렇듯 지금 시대에 한자를 공부하는 이유로 기존 지식을 해체하여 새로운 이야기로 만들어낼 수 있는 힘에 주목하고 싶어요. 새로운 세상의 아이들은 기존 권위나 질서에 굴복하기보다 물음표를 경쾌하게 꺼내들 수 있는 힘이 있다고 생각합니다.

《사자소학》을 아이와 함께 읽기로 결심했다면, 처음부터 읽지 않아도 좋습니다. 《사자소학》에는 부모, 형제, 친구, 습관 등 여러 주제가 포함되어 있고 내용이 쭉 이어지는 것이 아니기 때문에, 아이가 관심을 보이는 주제가 있다면 그 문장부터 읽는 것을 추천합니다.

'父生我身부생아신 母鞠吾身모국오신, 아버지는 내 몸을 낳으시고 어머니는 내 몸을 기르셨다'처럼 내용에 의문이 가는 문장이 있다면 맹목적으로 문장을 외우기보다 멈춰서 아이와 함께 이야기해보세요. 물음표는 자신의 고유한 이야기를 만들어가는 씨앗이 됩니다. 어떤 정답을 강요하지 말고 함께 마인드맵을 그리듯이 자유롭게 생각을 넓게 뻗어 나가는 시간을 만들어갈 수 있습니다.

"엄마를 사랑하는 마음은 커지고 아빠를 사랑하는 마음은 길어져서 내 마음이 점점 커졌기 때문에 다른 사람을 사랑할 수 있는 마음을 담을 수 있게 되었어요."

'父生我身부생아신 母鞠吾身모국오신'을 읽고 자신을 낳고 기른 부모님에 대한 고마움과 사랑을 이야기하는 어린이 달님도 있었습니다.

한 아이는 生(날 생)을 보고 자신이 태어난 날인 생일을 이야기했어요. 生(날 생)은 땅 위로 새싹이 돋아나는 모습을 본뜬 글자로 생명의 시작을 담고 있지요. 김, 이, 박 등 이름 앞에 붙는 성(姓)에도 生(날 생)이 들어갑니다. 성(姓)은 女(여자 여)와 生(날 생)이 결합된 한자입니다. 아버지의 성을 따르는 상황에서 성에 여자라는 한자가 들어가는 이유가 궁금했습니다. 그 이유를 찾아보니 고대 모계 사회에서 자식이 어머니의 성을 따랐기 때문이라는 내용도 있습니다.

남녀, 부모처럼 남자를 가리키는 말이 먼저 나오는 한자어의 순서를 여남, 모부와 같이 바꿔 생각해보는 시도도 할 수 있겠지요. 저는 '父生我身부생아신 母鞠吾身모국오신'을 '母父生鞠我身모부생국아신, 어머니와 아버지가 내 몸을 낳으시고 기르셨다'로 재창조해서 씨앗 문장으로 품고 싶어졌어요. 어머니와 아버지가 함께 생명을 낳고 기르기 때문이죠.

고전을 지금 시대에 맞춰 다시 재창조해 봄으로써 아이와 함께 생각을 넓혀가고 '온고이지신溫故而知新, 옛것을 익혀 새로운 것을 안다'를 실천할 수 있습니다.

'父生我身부생아신 母鞠吾身모국오신, 아버지는 내 몸을 낳으시고 어머니는 내 몸을 기르셨다.' 이 문장을 읽고 미래에는 아이를

溫 따뜻할 온　故 옛 고　而 말 이을 이　知 알 지　新 새 신

낳고 기르는 주체가 더 다양해질 수 있다는 이야기도 아이와 나눌 수 있었습니다. 클래식 음악도 연주하고 즐기는 방법이 여러 가지가 있듯이 인문 고전도 다양한 해석을 통해 생각을 풍요롭게 할 수 있습니다.

함께 즐기는 달빛서당 사자소학 놀이

1 父生我身부생아신 母鞠吾身모국오신, 이 씨앗 문장을 소리 내 읽고 손으로 써 보세요.

2 씨앗 문장에 나오는 한자 중에 궁금한 한자를 한자 사전에서 찾아보세요.

3 그 한자가 쓰인 한자어를 발견해 보아요.

4 아래 질문 등을 아이와 함께 이야기 나눠보세요.

父生我身부생아신 母鞠吾身모국오신, 이 문장의 내용을 어떻게 받아들였나요?

부모님에게 하고 싶은 말이 있나요?

있다면 그 말을 하고 싶은 이유는 무엇인가요?

27 사랑해

父母愛之
부 모 애 지
喜而勿忘
희 이 물 망

부모님께서 사랑해 주시거든
기뻐하며 잊지 말라.

父 母 愛 之
아버지 부 어머니 모 사랑 애 이것 지

喜 而 勿 忘
기쁠 희 말 이을 이 말 물 잊을 망

《사자소학》에 愛(사랑 애)가 나오는 부분은 부모님의 사랑, 백
성에 대한 사랑을 이야기하는 문장입니다. 백성을 사랑함을 자식
과 같게 하라는 문장이 나오니 결국 부모님의 자식에 대한 사랑이
얼마나 지극한지 알 수 있습니다. 사랑은 어떤 존재를 몹시 아끼고
귀중히 여기는 마음입니다. 한자 愛(사랑 애)에도 心(마음 심)이 들
어가지요.

　사랑은 순우리말이지만 그 어원을 찾아보면 한자인 '사량(思
量)', 즉 '생각의 양'이란 풀이가 있습니다. 어떤 대상에 대해서 생각
하는 양이 곧 사랑이라는 이야기이지요. 엄마가 된 이후로 누군가
에 대해 이렇게 계속 생각할 수 있다는 것을 처음 알게 되었습니다.

이기호 소설가는 "아이를 키운다는 건, 기쁜 건 더 기쁘고 슬픈 건 더 슬퍼지는 일 같아요"라고 말했습니다. 다행스러운 것은 우리 아이에 대한 사랑이 생명이 있는 다른 대상에게도 확장된다는 것입니다.

우리 아이가 한자를 알고 인문 고전을 읽기 바라는 마음의 바탕에도 사랑이 있다고 생각합니다. 사랑하는 마음이 때로는 "이렇게 해라, 저렇게 해라" 같은 잔소리로 나타날 때가 있습니다. 기본적인 한자 네 글자씩으로 지켜야할 생활 습관과 교육적인 내용을 알려주는 《사자소학》의 문장을 보면 그 속에도 어린 아이들을 사랑하는 마음이 담겨 있음을 느낄 수 있습니다. '높은 나무에 올라가지 말라, 부모님께서 근심하신다' 등 아이에 대한 부모의 마음은 몇백년이라는 시간의 차이가 느껴지지 않습니다.

"부모 대변인 같아요."

함께 《사자소학》을 읽는 한 엄마의 말에 공감할 수밖에 없었습니다.

'父母愛之부모애지 喜而勿忘희이물망, 부모님께서 사랑해 주시거든 기뻐하며 잊지 말라'에 나온 喜(기쁠 희)는 '기쁘다, 즐겁다, 좋아하다'라는 뜻이 있습니다. 희열(喜悅), 환희(歡喜) 등의 한자어에도 쓰이지요. 喜(기쁠 희)는 壴(악기 이름 주)와 口(입 구)가 결합한 모습입니다. 손으로는 북을 치고 입으로는 노래하는 모습을 통해 즐겁다는 의미를 나타냅니다. 아이가 악기를 배우고 연습하면서 즐거움과 음악이 주는 위안을 얻듯이 인문학을 공부하는 과정도 그런 시간이 되었으면 합니다.

"즐겁게 공부했으면 좋겠어요."

아이의 손을 잡고 달빛서당에 오는 부모님들도 즐거움과 기쁨에 대한 이야기를 많이 하십니다. 어릴 때 서예학원이나 서당을 다녔는데 그때의 기억이 좋아서 아이와도 함께 하고 싶다는 이야기를 들을 때면 달빛서당도 그런 기억으로 남기를 바라게 됩니다.

喜 기쁠 희   悅 기쁠 열   歡 기뻐할 환   喜 기쁠 희

유년 시절의 경험은 정서로 남아 오랫동안 내면에 자리잡게 됩니다. 한자를 배우고 고전을 함께 읽은 경험이 따뜻한 정서가 되고 앞으로 살아가는데 힘이 되길 소망합니다. 한자를 하나하나 외우는 것보다 더 중요한 것은 한자와 《사자소학》을 부모님과 함께 읽고 나눈 시간과 이야기가 사랑으로 쌓이는 것입니다.

'父母愛之부모애지 喜而勿忘희이물망, 부모님께서 사랑해 주시거든 기뻐하며 잊지 말라'에서 忘(잊을 망)은 '없어지다'라는 뜻을 가진 亡(망할 망)에 心(마음 심)이 합쳐져 있어요. 마음에 남아 있지 아니함, 즉 '잊다'라는 뜻으로 망각(忘却), 건망증(健忘症)에도 쓰이는 한자입니다.

'父母愛之부모애지 喜而勿忘희이물망'에는 부모에게 감사하라는 뜻도 있겠지만 누군가 자신을 사랑하고 아끼는 마음을 평생 간직할 것을 당부하는 문장으로도 읽을 수 있습니다.

사랑에 대한 여러 가지 의미 중에서 가장 기억에 남는 것이 있습니다. 《논어》에 나오는 문장으로 '愛之欲其生애지욕기생'입니

忘 잊을 망   却 물리칠 각   健 튼튼할 건   忘 잊을 망   症 증세 증
愛 사랑 애   之 어조사 지   欲 하고자 할 욕   其 그 기   生 날 생

다. '사랑하면 상대방이 살기를 바란다'라는 뜻이지요. 아이가 행복하게 살기 바라는 엄마와 아빠의 마음을 아이가 잊지 않기를 바랍니다.

엄마한테 언제 사랑을 느끼냐고 우리 아이에게 물어보니 '매일'이라는 대답이 돌아왔습니다. 이어서 "화낼 때와 아빠와 싸울 때는 빼고요"라는 말을 들으니 아이를 편안하게 해주는 것이 사랑이라는 생각이 들었지요. 불안함과 조급함을 느끼지 않는 환경을 만드는 것은 아이와 함께하면서 놓치지 말아야 할 부분입니다.

아직은 부모와 함께 하는 시간을 좋아하는 초등학교 저학년 아이들도 커가면서 사춘기를 맞이하고 변하게 되겠지요. 그래도 함께 인문학을 즐겼던 시간은 완전히 기억에서 잊혀지는 것이 아니라 따뜻한 정서로 남을 수 있다고 생각합니다. 인문학은 사람에 대해 알고 이해함으로써 더 사랑하는 힘을 기르는 공부입니다.

"아이와 함께 한자 공부를 하다 보니 나의 부족함이 느껴진다. 아이의 세계를 넓히고 싶다면 나의 세계를 먼저 넓힐 일이다"라는 한 어른 달님의 이야기를 함께 나누고 싶습니다. 아이와 함께 살아가면서 나의 세계는 넓어지고 세상을 사랑하는 힘도 더 커질 수 있다고 믿어요. 서양에서 철학을 말하는 'Philosophy'는 지혜를 사랑하는 것이라고 합니다. 배움은 기쁜 것이고 세상을 사랑하는 방법이라는 것을 나누고 싶습니다.

달빛서당 함께 즐기는 사자소학 놀이

1 父母愛之부모애지 喜而勿忘희이물망, 이 씨앗 문장을 소리 내 읽고 손으로 써 보세요.

2 씨앗 문장에 나오는 한자 중에 궁금한 한자를 한자 사전에서 찾아보세요.

3 그 한자가 쓰인 한자어를 발견해 보아요.

4 아래 질문 등을 아이와 함께 이야기 나눠보세요.

父母愛之부모애지 喜而勿忘희이물망, 이 문장의 내용을 어떻게 받아들였나요?

부모님의 사랑을 언제 느끼나요?

사랑을 표현하는 방법으로 무엇이 좋을까요?

28 스승의 은혜

事　師　如　親
사　사　여　친

必　恭　必　敬
필　공　필　경

스승 섬기기는 어버이와 같이해서
반드시 공손히 하고 반드시 공경하라.

事　師　如　親
일 사　스승 사　같을 여　친할 친

必　恭　必　敬
반드시 필　공손할 공　반드시 필　공경 경

《사자소학》에는 선생님에 대한 이야기도 여러 번 나옵니다. '부모님께 효도하고 웃어른을 공경할 수 있는 것은 스승의 은혜가 아닌 것이 없다', '알 수 있고 행할 수 있는 것은 모두 스승의 공이다'라는 문장도 있지요.

　아이가 어린이집에 다닐 때부터 지금까지 여러 선생님을 통해 배우고 성장하고 있습니다. '事師如親사사여친 必恭必敬필공필경, 스승 섬기기는 어버이와 같이해서 반드시 공손히 하고 반드시 공경하라'라는 문장을 통해 선생님에 대한 감사와 공경하는 태도를 아이들과 함께 나눌 수 있습니다.

　현재 선생님이라는 뜻을 가지고 있는 師(스승 사)는 교사(教

| 教 가르침교 | 師 스승사 | 講 익힐강 | 師 스승사 |
| 醫 의원의 | 師 스승사 | | |

師), 강사(講師), 의사(醫師)에도 쓰이는 한자입니다. 원래 의미는 약 2,500명의 병력이었다고 합니다. 師(사)는 阜(언덕 부)와 帀(두를 잡)이 결합한 글자로 군인의 수가 언덕 하나를 빙 두를 정도의 규모라는 뜻이였지만, 시간이 지나면서 가르침을 얻기 위해 스승 주변을 제자들이 빙 둘러앉는 모습을 보고 스승을 뜻하게 되었다는 이야기도 있습니다. 지금도 뛰어난 지혜와 통찰력을 가진 사람이 강연을 하면 배우기 위해 수많은 사람들이 모이는 것과도 연결해 생각해 볼 수 있지요.

'事師如親사사여친'에서 事(일 사)는 '섬기다, 웃어른이나 존경하는 이를 가까이에서 받들다'라는 뜻으로 쓰였습니다. 親(친할 친)에는 見(볼 견)이 있습니다. '가까이 다가가 보다'가 親(친할 친)의 본뜻이고, 눈앞에 보이는 아주 가까운 사람, 사이가 좋다, 어버이, 손에 익다는 의미도 있습니다. 친구(親舊), 친척(親戚), 친근(親近)에도 모두 이 親(친할 친)이 들어가지요.

'事師如親사사여친'에 이어 스승 섬기기를 어버이와 같이 하는

親 친할 친 舊 옛 구   親 친할 친 戚 겨레 척
親 친할 친 近 가까울 근

방법으로 '必恭必敬필공필경, 반드시 공손히 하고 공경하라'라는 내용이 나옵니다. 공손(恭遜), 공경(恭敬)에 대한 의미를 아이들에게 물어보니 예의 바르게 행동하는 것이라는 대답을 들려주었습니다.

'내가 다른 사람의 어버이를 공경하면 다른 사람이 내 어버이를 공경한다'라는 문장처럼 《사자소학》에서는 관계의 본질에 대한 내용으로 예의 실천인 공경의 이야기가 나옵니다.

'事師如親사사여친 必恭必敬필공필경, 스승 섬기기는 어버이와 같이해서 반드시 공손히 하고 반드시 공경하라.' 스승 섬기기를 어버이와 같이 하라는 문장에서 전제가 되는 것은 어버이에 대한 마음과 태도일 수 있습니다. 아이들은 나고 자라면서 집 안팎에서 만난 어른들을 보고 배웁니다. 집에서 부모님이 선생님에 대한 고마움을 표현하는 것을 본 아이들은 부모님을 따라 선생님을 공경할 수 있는 것입니다.

교육 현장에서 선생님들의 교권 붕괴에 대한 이야기가 사회적

恭 공손할 **공** 遜 겸손할 **손**　恭 공손할 **공** 敬 공경할 **경**

으로도 많이 나오고 있습니다. 교육자로서의 권위가 지켜지지 않는 상황에서는 교실의 질서 또한 흔들리며 아이들에게 필요한 교육 자체가 위협받을 수 있습니다. 일방적인 관계는 없습니다. 부모와 자식 간에 사랑을 주고 받듯이 아이들을 가르치는 선생님은 아이들을 통해 배우기도 하고 기운을 얻기도 합니다. 좋은 관계를 맺기 위해 서로 노력해야 하는 것은 선생님과 제자 사이도 마찬가지입니다.

"수업 시간에 장난쳐서 야단을 맞았는데 앞으로는 그러지 않아야겠어요."

수업 시간에 장난을 쳐서 선생님에게 지적받았던 아이는 자신의 잘못을 인정하고 앞으로는 그런 행동을 고치겠다는 이야기를 전해주었습니다. 초등학교 저학년 때는 공부뿐 아니라 생활 전반에 대해서도 선생님의 영향을 받습니다. 선생님의 도움으로 태도의 개선을 이룰 수 있고 칭찬으로 격려받기도 합니다. 살면서 만났던 선생님들의 칭찬 한마디가 마음에 깊이 남아 앞으로 살아갈 방향이 생기기도 하지요. 아이들과 함께 선생님에게 받았던 고마운 마음을 이야기하기 바랍니다.

가끔 우리 아이와 함께 선생님 놀이를 해볼 때가 있습니다. 아이가 선생님이 되고 저는 학생이 됩니다. 그럴 때 아이처럼 장난을 쳐볼 때가 있는데, 그때 우리 아이는 "선생님이 힘들 것 같아요"라는 소감을 말했지요. 누군가를 가르치는 것은 가장 능동적인 배움이 될 수 있습니다.

달빛서당에서 달님들과 함께 공부하면서 새로운 것을 더 많이 배우게 됩니다. 아이들의 시선으로 한자와 《사자소학》을 볼 수 있어 깨닫게 되는 점도 많습니다. 그리고 삶에 도움이 되는 한자와 인문 고전 읽기를 일상의 습관으로 들이기 위해서 어떻게 하는 것이 좋을까? 계속 생각하게 됩니다.

가르치는 사람은 배우기 좋아하고 계속 배우는 사람이라고 생각합니다. 그리고 계속해서 배우는 태도는 열린 마음, 겸손, 존중과도 이어지지요. 아이들은 집에서 부모님을 보고 배우는 것과 마찬가지로 밖에서 선생님을 보면서 이런 태도를 배우게 됩니다. 스승 섬기기는 어버이와 같이해서 반드시 공손히 하고 반드시 공경하라는 문장 다음으로 이어지는 문장은 '선생님께서 가르침을 베풀어주시거든 제자들은 이것을 본받아라'입니다. 아이와 함께 선생님에 대한 고마움과 존경을 표현하는 것을 잊지 말아야겠습니다.

사자소학 놀이

1 事師如親사사여친 必恭必敬필공필경, 씨앗 문장을 소리 내 읽고 손으로 써 보세요.

2 씨앗 문장에 나오는 한자 중에 궁금한 한자를 한자 사전에서 찾아보세요.

3 그 한자가 쓰인 한자어를 발견해 보아요.

4 아래 질문 등을 아이와 함께 이야기 나눠보세요.

事師如親사사여친 必恭必敬필공필경, 이 문장의 내용을 어떻게 받아들였나요?

선생님에 대한 공경하는 마음을 어떻게 표현하는 것이 좋을까요?

공경하는 사람이 있다면 누구인지 설명해보아요.

長 者 慈 幼
장 자 자 유

幼 者 敬 長
유 자 경 장

어른은 어린이를 사랑하고
어린이는 어른을 공경하라.

長　　者　　慈　　幼
어른 장　사람 자　사랑 자　어릴 유

幼　　者　　敬　　長
어릴 유　사람 자　공경 경　어른 장

엄마가 된 이후에 좋은 어른이 되고 싶다는 생각을 자주 하게 되었습니다. 어른의 사전적 의미는 다 자란 사람 또는 다 자라서 자기 일에 책임을 질 수 있는 사람입니다. 《사자소학》에도 어른과 어린이의 관계에 대한 문장이 나옵니다. '長者慈幼장자자유 幼者敬長유자경장, 어른은 어린이를 사랑하고 어린이는 어른을 공경하라'는 내용입니다.

長者(장자)는 어른이라는 뜻으로 쓰였습니다. 長(길, 어른 장)은 원래 머리칼이 긴 노인의 모습에서 유래되었다고 합니다. 우두머리라는 뜻도 가지고 있어 반장(班長), 회장(會長), 시장(市長) 등 한자어에도 쓰입니다.

班 나눌 반　長 어른 장　　會 모일 회　長 어른 장
市 도시 시　長 어른 장

幼者(유자)는 長者(장자)와 대비되는 어린이라는 의미입니다. 幼(어릴 유)는 幺(작을 요)와 力(힘 력)이 합쳐진 한자입니다.

"어린이는 힘이 작다는 말이에요?"

幼(어릴 유)가 생겨난 이야기를 듣고 한 아이가 물었습니다. 그 말에 쉽게 그렇다고 대답할 수 없었습니다. 아직 어른보다 작은 몸의 아이들이 가진 물리적인 힘은 약할 수 있지만, 반드시 힘이 적다고 할 수는 없다고 생각합니다. 지금을 즐기는 힘과 회복탄력은 아이들이 더 강하기도 하지요.

'長者慈幼장자자유 幼者敬長유자경장' 이 문장은 어른과 아이의 관계에서 지녀야 할 태도의 본질을 다루고 있습니다. 어른과 아이 사이에 쓰인 한자는 慈(사랑 자)입니다. 자선(慈善), 자비(慈悲), 인자(仁慈) 등의 단어에도 쓰이는 글자입니다. '사랑하다'는 뜻을 가진 慈(사랑 자)는 茲(무성할 자)와 心(마음 심)이 결합한 모습입니다. 풀이나 나무가 자라서 우거져 있는 듯한 무성한 마음이 사랑

慈 사랑 자　善 착할 선　　慈 사랑 자　悲 슬플 비
仁 어질 인　慈 사랑 자

일까요?

'長者慈幼장자자유, 어른은 어린이를 사랑한다'라는 이 문장의
내용이 와닿았습니다. 엄마가 되고 나서 저의 아이뿐 아니라 다른
아이에게도 친근함과 애정이 생겼습니다. 아이들을 위해 더 나은 사
회를 만들어가고 싶다는 생각도 들었고요.

"어떤 어른이 되고 싶어?"

'長者慈幼장자자유 幼者敬長유자경장' 이 문장을 읽으며 아이
들에게 어떤 어른이 되고 싶은지 물어봤습니다.

"좋은 어른이 되고 싶어요."

아이들이 어른이 되면서 자신이 말했던 '좋은 어른'을 구체적
으로 생각하고 닮아갈 수 있으면 좋겠습니다. 어떤 어른이 되고 싶
은가는 어떻게 살아가고 싶은가와 닿아있고 부모라면 양육의 가치
관과도 이어진다고 생각합니다.

장수연 작가가 쓴 책《처음부터 엄마는 아니었어》에는 아이를 낳아야 어른이 되는 것이 아니라, 어른이 될 기회가 더 많이 열린다는 내용이 나옵니다. 아이들은 어른에게 더 좋은 사람이 되고 싶게 합니다. 아이들이 가진 힘이기도 하지요. 제가 내려 본 어른의 정의는 자신이 필요한 것을 다른 사람이 아니라 자신에게 요구하는 사람입니다. 내가 하고 싶은 것, 되고 싶은 것을 아이나 남편에게 바라지 않고 스스로 하다 보면 좋은 사람, 좋은 어른이 될 것 같다는 생각입니다.

"존댓말을 해요."
"심부름을 해요."

'幼者敬長유자경장, 어린이가 어른을 공경한다'라는 문장에 대해 일상에서 하고 있는 바를 한 아이가 이야기했습니다. 어린이가 어른에게 지녀야 할 태도로 敬(공경 경)이 나오고 있습니다. 敬(공경 경)은 존경(尊敬), 경어(敬語) 등의 단어에도 쓰이는 한자로 《사자소학》에서도 아이들에게 여러 번 강조하는 말입니다. 우리가 흔

尊 높을 존　敬 공경 경　　敬 공경 경　語 말씀 어

히 쓰는 존댓말인 경어도 어린이에게 결코 쉬운 것이 아니지요. 아이들이 경어를 쓰는 것도 당연한 것이 아니라 어른을 존중하는 태도를 배워 쓰는 것입니다.

우리 사회에는 연장자인 어른을 공경하는 기본적인 문화가 있습니다. 엘리베이터 안에서 길에서 단지 어른이라는 이유로 어린이들의 예의 바른 인사를 받을 때면 고마운 감정과 함께 어른인 저도 '부모님이나 다른 어르신에게 일상에서 공경하는 태도를 잘 나타내고 있는가'라는 의문이 들었습니다. 부모님 세대의 생각과 행동을 존중하기보다 이해하지 못해 갈등이 생긴 적도 많았으니까요. 아이들이 보여주는 공경을 느끼며 내가 윗세대 어른들에게 받았던 사랑을 다시 한번 더 돌아보고 감사함을 느끼게 되었습니다.

부모의 말과 행동이 다른 경우에 아이들은 혼란스러워합니다. 《사자소학》을 읽고 아이와 함께 이야기하며 나의 행동을 돌아볼 수 있습니다. 이 시간이 아이와 나를 사랑으로 돌보고 키우는 과정이라 생각합니다. 아이와 어른의 관계를 한쪽은 사랑, 한쪽은 존경

이렇게 뚜렷하게 구분하기는 어렵습니다. 어떤 인간관계와 마찬가지로 서로의 다름을 인정하고 존중하는 마음이 그 바탕에 있습니다.

나는 아이에게 좋은 부모가 되고자 안달하기보다
먼저 한 사람의 좋은 벗이 되고
닮고 싶은 인생의 선배가 되고
행여 내가 후진 존재가 되지 않도록
아이에게 끊임없이 배워가는 것이었다

박노해 시인의 시 '부모로서 해줄 단 세 가지'를 읽으며 우리 아이에게 어떤 부모가 되어야 할지 다시 한번 생각하게 됩니다.

 **사자소학 놀이**

1 長者慈幼장자자유 幼者敬長유자경장, 씨앗 문장을 소리 내 읽고 손으로 써 보세요.

2 씨앗 문장에 나오는 한자 중에 궁금한 한자를 한자 사전에서 찾아보세요.

3 그 한자가 쓰인 한자어를 발견해 보아요.

4 아래 질문 등을 아이와 함께 이야기 나눠보세요.

長者慈幼장자자유 幼者敬長유자경장, 이 문장의 내용을 어떻게 받아들였나요?

어떤 어른을 좋아하나요? 어떤 어른이 되고 싶나요?

그 이유는 무엇인가요?

30 함께 만들어가는 문화

以 文 會 友
이   문   회   우

以 友 輔 仁
이   우   보   인

글로써 벗을 모으고
벗으로써 인을 돕는다.

以	文	會	友
써 이	글월 문	모일 회	벗 우

以	友	輔	仁
써 이	벗 우	도울 보	어질 인

'以文會友이문회우 以友輔仁이우보인'은 《사자소학》에서 마지막으로 고른 씨앗 문장입니다. 첫 번째 씨앗 문장을 기억하시나요?

　'人之在世인지재세 不可無友불가무우, 사람이 세상에 있으면서 친구가 없을 수 없다'의 다음으로 나오는 문장이 바로 '以文會友이문회우 以友輔仁이우보인, 글로써 벗을 모으고 벗으로써 인을 돕는다'입니다. 사람이 세상에서 친구를 만드는 방법을 알려주는 이야기 같습니다. '以文會友이문회우 以友輔仁이우보인'은 공자의 제자인 증자가 한 말로 《논어》에도 나오는 문장입니다.

　文(글월 문)은 '글'이나 '문장'이라는 뜻을 가진 한자로 가슴에 문신을 새겨 넣은 사람의 모습을 본뜻 상형문자입니다. 본래 '몸에 새기다'였던 글자의 뜻이 시간이 지나면서 '문서'나 '서적'과 같이 글을 새겨 넣은 것과 관련된 뜻으로 쓰이게 되었다는 이야기도 있습니다.

한자 사전에서 文(글월 문)을 찾으면 글, 문장이라는 의미 외에도 무늬, 빛깔, 예술, 아름답다 등 20개가 넘는 뜻이 나옵니다. 文(글월 문) 앞에 人(사람 인)이 오면 인문(人文)입니다. 글, 무늬, 예술, 아름다움 등 사람과 관련된 것을 배우는 것이 인문학(人文學)입니다. 즉, 사람에 대한 공부가 인문학이지요.

'以文會友이문회우, 글로써 벗을 모으다'에서 會(모일 회)는 '모이다, 만나다'라는 의미를 지녀 회식(會食), 회동(會同), 회사(會社) 등 사람이 모이고 만날 때 많이 쓰이는 한자입니다. '以文會友이문회우 以友輔仁이우보인' 이 문장에 따르면 글을 통해 친구를 만날 수 있고 친구를 통해 仁(인)을 완성해 갈 수 있다고 합니다.

'以友輔仁이우보인'에 쓰인 輔(도울 보)는 친구가 내가 어진 사람이 되는 것을 돕는다는 의미로, 친구 관계를 통해 내가 인격적으

會 모일 회 食 먹을 식   會 모일 회 同 한가지 동
會 모일 회 社 모일 사

로 성장할 수 있음을 의미합니다. 완벽한 사람은 없으며 글을 통해 계속해서 누군가를 만나고 성장할 수 있습니다.

　우리 아이가 처음 글을 읽었던 순간을 떠올리면 미소가 지어집니다. 소리로 들었던 말만 배우는 것이 아니라 적혀있는 글자를 읽어 정보를 접하고 사용하는 말이 다양해지고 직접 글도 쓸 수 있게 되지요. 글과 만나 자신의 세상이 넓어지는 과정입니다.

　《공부란 무엇인가》에는 섬세한 언어를 매개로 자신을 타인에게 이해시키고 또 타인을 이해하고자 하는 훈련을 할 때, 비로소 공동체를 이루고 살 수 있다는 내용이 나옵니다. 인문학 공부는 함께 소통하며 살아가는 데 보탬이 됩니다. '以友輔仁이우보인, 벗으로써 인을 돕는다'에 쓰인 仁(어질 인)은 사람(人)과 사람(人)이 관계를 맺고 살아가는 것으로 이해할 수 있습니다.

　"以文會友이문회우 以友輔仁이우보인, 글로써 벗을 모으고 벗으로써 인을 돕는다'에서 文(문)을 조금 더 현대적으로 해석해보면 어떨까 싶어요. 글쓰기, 그림 그리기, 식물 돌보기, 북클럽 활동하기, 반려견 키우기, 달리기 등등 사람들의 몸과 마음을 건강하게 하는 다양한 활동들로 확대해보면, 훨씬 많은 사람들에게 仁(인)한 기회가 생기는 것 같아요. 좋아하는 것을 함께 하며 그것을 나누고, 서로 에너지를 얻는 활동들로 더 나은 기분을 느낄 수 있다면, 조금 더 나은 하루를 만들 수 있다면, 그것 또한 행복하면서도 仁(인)한 길을 걷는 방법이지 않을까요?"라는 어른 달님의 이야기도 있었습니다.

'以文會友이문회우 以友輔仁이우보인'은 함께 좋아하며 가꿔가는 문화로 이해할 수도 있습니다. 다양한 사람들이 함께 만들어가는 문화는 다채로울 것입니다. 달빛서당에서 《사자소학》을 마무리하며 '和而不同화이부동'이 떠올랐습니다. '和而不同화이부동'은 《논어》에 나오는 말로 '조화를 이루지만 그저 남들 하는 대로 따라 하지 않는다'라는 뜻입니다.

타인과 어울리되 다름을 인정하는 태도가 다채로운 문화와 생생한 생명력을 유지시키는 것이겠지요. '和而不同화이부동'은 다양성을 존중하며 공동체의 발전을 이야기할 때 많이 인용되는 말이

和 화할 화　而 말 이을 이　不 아닐 부　同 한가지 동

기도 합니다. 불완전한 나와 더불어 불완전한 타인이 함께할 때 서로 조화를 이루며 나아갈 수 있습니다.

저는 달빛서당도 '和而不同화이부동'의 공간이라 생각합니다. 함께 《사자소학》 씨앗 문장을 읽고 각자의 시선을 나눕니다. 타인의 이야기를 접하면서 자신의 세계는 점점 더 넓어집니다. 혼자 읽는 것보다 글로 함께 다양한 시선을 공유하는 것이 더 재밌고 공부를 살아있는 활동으로 만듭니다.

온라인 기반의 공부 모임이지만 달빛서당이 공간적인 특징을 지닐 수 있기를 바라왔습니다. 특별한 공간에서는 특별한 행동을 하게 되고 그 행동은 일상으로 돌아와서도 영향을 줍니다. 우리가 여행을 하는 이유이기도 합니다. 어린이 달님, 어른 달님의 이야기가 제게 와 다시 씨앗이 되었습니다. 오래된 고전이 우리 삶에 말을 걸어옵니다. 과거와 현재, 미래가 이어지는 순간입니다. 한자와 《사자소학》 읽기를 통해 자신, 타인과 건강한 관계를 맺고 서로 자극하고 격려하는 환경을 만들어 갈 수 있다고 믿습니다.

달빛서당에서 한자와 《사자소학》을 만나는 것에 대한 어린이 달님의 소감을 물어보자 엄마와 친구들과 함께하는 것이 좋다는 대답이 많았습니다. 어른 달님 역시 아이와 일상에서 《사자소학》을 매개로 넓고 깊게 대화할 수 있다는 이야기를 들려주었습니다. 그리고 글이나 영상으로 기록했기 때문에 이 시간이 그리워질 때 다시 꺼내 볼 수 있습니다.

아이들은 자라면서 스스로 바라는 독서, 공부 모임 등 자신만의 문화를 더불어 만들어 갈 겁니다. 그때 우리가 함께했던 배움이 내면의 힘을 키워줬던 시간으로 기억되기를 바랍니다.

곽아람 작가의 책 《공부의 위로》에 인간은 착각할 수 있는 존재라는 것, 흔들릴 수 있는 존재라는 것, 인간의 취약성을 인정하면서 그럼에도 삶의 의미를 부여하고 살아가도록 하는 것이 인문학의 힘이라는 내용이 나옵니다. 저도 그런 경험의 시간을 쌓아오고 있습니다. 《사자소학》이 다리가 되어 고마운 달님들을 만났듯이 이 책으로 만나게 될 새로운 달님에게도 반가운 인사를 전합니다.

 **사자소학 놀이**

1 以文會友이문회우 以友輔仁이우보인, 씨앗 문장을 소리 내 읽고 손으로 써 보세요.

2 씨앗 문장에 나오는 한자 중에 궁금한 한자를 한자 사전에서 찾아보세요.

3 그 한자가 쓰인 한자어를 발견해 보아요.

4 아래 질문 등을 아이와 함께 이야기 나눠보세요.

以文會友이문회우 以友輔仁이우보인, 이 문장의 내용을 어떻게 받아들였나요?

글을 통해 친구를 알게 된 경험이 있나요?

친구와 함께 공부하면 어떤 점이 좋은가요?

달빛서당《사자소학》에 참여한 소감이 어떤가요?